解读
《药品生产监督管理办法》

主　编　张哲峰

副主编　侯　雯　李海德　张　倩

丁　伟　张爱琴

编　委　（以姓氏笔画为序）

丁　伟　申小花　李海德

杨　君　杨谋伟　张　倩

张哲峰　张爱琴　欧阳婷

赵海峰　侯　雯　姜　琛

畅享增值

中国健康传媒集团
中国医药科技出版社

图书在版编目（CIP）数据

解读《药品生产监督管理办法》/张哲峰主编. —北京：中国医药科技出版社，2020.5

ISBN 978-7-5214-1806-4

Ⅰ.①解…　Ⅱ.①张…　Ⅲ.①药品管理法-法律解释-中国

Ⅳ.①D922.165

中国版本图书馆CIP数据核字(2020)第081164号

美术编辑　陈君杞
版式设计　友全图文

出版　**中国健康传媒集团** | 中国医药科技出版社
地址　北京市海淀区文慧园北路甲22号
邮编　100082
电话　发行：010-62227427　邮购：010-62236938
网址　www.cmstp.com
规格　710 × 1000mm $^{1}/_{16}$
印张　7 $^{1}/_{4}$
字数　64千字
版次　2020年5月第1版
印次　2020年5月第1次印刷
印刷　北京市密东印刷有限公司
经销　全国各地新华书店
书号　ISBN 978-7-5214-1806-4
定价　58.00元

版权所有　盗版必究
举报电话：010-62228771
本社图书如存在印装质量问题请与本社联系调换

获取新书信息、投稿、为图书纠错，请扫码联系我们。

前言

QIANYAN

《药品生产监督管理办法》作为药品监管领域的核心配套规章，对全面提高药品生产环节法治化、规范化水平，保障药品安全有效和质量可控具有重要意义。我国《药品生产监督管理办法》于2002年12月11日发布，自2003年施行以来到2004年第一次修订间隔了1年，此后在2017年进行了一次修正，直到2019年4月，国家药品监督管理局正式启动《药品生产监督管理办法》的修订工作。此后邀请省局和高校专家学者进行了数十次的研究讨论，并在北京、济南和杭州三次组织集中研讨调研，覆盖31个省（自治区、直辖市）局有关生产、许可处室，31个省（自治区、直辖市）的药品生产企业代表、跨国药企以及行业协会的专家学者等，并于2019年9月30日发布《药品生产监督管理办法》（修订草案征求意见稿），备受大家关注。

2020年3月30日，新修订的《药品生产监督管理办法》正式发布，这充分体现了近年来国家药品审评审批制度的改革成果，对药品生产监管作出全新的制度设计，问题导向更明确，监管理念更具有科学性。新修订的《药品生产监督管理办法》最终分为六章共八十一条，与现行2017年修正的《药品生产监督管理办法》相比，新修订的《药品生产监督管理办法》采取一系列简政放权举措，依据风险为基础进行检查，确保企业持续合规是未来监管的主要方式：以监管检查为核心的监管必将促进药品上市许可持有人和药品生产企业承担质量保证义务和责任，促进行业逐步走向规范、高质量健康发展。总体来讲，新修订的《药品生产监督管理办法》的出台和实施，将有利于我国药品行业进一步发展和药品监管工作的进一步完善，对加强创新、严格监管具有重要的意义。

为了使广大药物研发生产从业人员更深入地了解和学习《药品生产监督管理办法》，理解国家药品监管的思路和政策，本书从《药品生产监督管理办法》的历史沿革、新旧版本的主要变化及对比、重点内容解析等方面，对其进行了全面系统的解读。本书还收集整理官方对2020版《药品生产监督管理办法》的解读，及国内专家学者对大家关心的热点问题的解答，希望能加强大家对《药品生产监督管理办法》的理解，以指导日常工作。本书的观点仅代表编写团队的专业理解，不能作为任何法律或商业行为的依据。

目前国内有关《药品生产监督管理办法》的专论性出版物并不多，希望本书的出版能够弥补这一不足。由于正处于国内药品监管法规体系大变革时期，加之时间仓促，水平有限，书中的错误和不妥之处在所难免，恳请专家和广大读者批评指正。相信伴随着时间的推进，将有更多、更新、更全面的药品管理相关法规陆续发布，我们也将继续努力收集、整理、解读。

本书配套数字化增值内容，扫码即可阅览。其内容主要包括中国健康传媒集团主办的系列直播和疑难问题解答，供读者参阅。

编者

2020年4月

目录

MU LU

第一章 《药品生产监督管理办法》修订历程

1.1 《药品生产监督管理办法》政策演变

表1-1 《药品生产监督管理办法》政策演变

法规变化	施行时间	内容
首次立法	2003年2月1日	国家药品监督管理局于2002年12月11日发布《药品生产监督管理办法》（试行），自2003年2月1日起施行
第一次修订	2004年8月5日	2004年5月28日，经国家食品药品监督管理局局务会审议通过，自2004年8月5日起施行
第一次修正	2017年11月21日	2017年11月21日，国家食品药品监督管理总局根据局务会议《关于修改部分规章的决定》对《药品生产监督管理办法》予以修正并实施
再次立法	2020年7月1日	《药品生产监督管理办法》于2020年1月15日经国家市场监督管理总局2020年第1次局务会议通过，自2020年7月1日起施行

1.2 新版《药品生产监督管理办法》修订过程

2019年，国家药品监督管理局正式启动《药品生产监督管理办法》修订工作，进一步研究美国、欧盟、日本等国家和地区药品生产监管经验，细化《药品管理法》《疫苗管理法》中药品生产监管规定，邀请省局和高校专家学者进行了数十次的研究讨论，并在北京、济南和杭州三次组织集中研讨调研，覆盖31个省局有关生产、许可处室，31个省的药品生产企业代表、跨国药企以及行业协会、专家学者等。2019年11月27日正式报请市场监管总局审查，2020年1月25日经市场监管总局会议研究通过，2020年1月22日市场监管总局令第28号公布，并于2020年3月30日发布。

征求意见及发布过程如下：

2019年9月30日至10月30日在国家药监局网站征求意见。

2019年10月15日至11月14日在中国政府法制信息网征求意见。

2019年12月10日至12月20日在市场监管总局网站征求意见。

2019年12月18日~19日、2019年12月27日、2020年1月9日三次与市场监管总局法制司集中研究。

2019年12月30日至2020年1月7日，市场监管总局组织进行复核。

2020年1月15日，经国家市场监督管理总局2020年第1次局务会议通过，自2020年7月1日起施行。

1.3 《药品生产监督管理办法》修订总体思路和主要内容

《药品生产监督管理办法》修订工作坚决落实“四个最严”要求，全面贯彻新修订《药品管理法》和《疫苗管理法》，以人民健康为中心，坚持风险管理、全程管控、社会共治的原则，进一步夯实企业主体责任、厘清监管职责、加强工作衔接、强化药品生产环节监管。在修订过程中，注重对标国际先进经验，结合国内实际，突出问题导向，尽可能使新版《药品生产监督管理办法》具有良好的操作性，更好地满足药品生产监督管理需要。

1.3.1 全面落实新修订《药品管理法》的要求

一是明确持有人自行或委托生产药品的应当按照规定取得《药品生产许可证》。明确规定非自行生产的持有人，应当具备相关条件，并与符合条件的药品生产企业签订委托协议和质量协议，申请《药品生产许可证》，明确原料药、中药饮片应当取得《药品生产许可证》，规定原料药不得委托生产。二是对已经取消行政许可的辅料、药包材加强事中事后监管，明确原辅包关联审评后，辅料包材应当纳入省药监局的监督检查范围。持有人所在地省药监局在制剂监管时加强对原辅包延伸检查。三是取消GMP认证证书后，药品生产质量管理规范仍然是药品生产监管工作中的标准，将目前生产许可标准和部分GMP检查的标准综合形成新的申报资料要求并作为附件，分为持有人自行生产、委托生产、仅接受委托的药品生产企业、原料药生产企业四种情形。四是对非自行生产的药品上市许可持有人，要求办理药品生产许可证，但不要求具备厂房、设施、设备等。

1.3.2 加强与注册核查的衔接

一是明确取消药品GMP认证。取消GMP认证证书后，上市前检查中包括了注册核查和GMP上市前现场检查并有效衔接。

二是拟生产药品需要进行注册核查的，药审中心通知核查中心，告知相关省药监局和申请人。核查中心协调省药监局同步开展注册核查和GMP上市前现场检查。三是拟生产药品不需要进行药品注册现场核查的，药审中心告知生产场地所在地省药监局和申请人，相关省药监局根据风险管理原则决定是否开展GMP上市前现场检查。四是省药监局开展GMP上市前现场检查的，在检查结束后，应当将检查情况、检查结果等形成书面报告，反馈药审中心。GMP上市前现场检查涉及《药品生产许可证》事项变更的，由原发证的省药监局依变更许可事项的程序做出决定。五是通过注册核查和GMP上市前现场检查的商业规模批次，符合产品放行要求的，在取得药品注册证书后可以上市销售。药品上市许可持有人应当重点加强上述批次药品的生产销售、上市后研究、风险管理等措施。

1.3.3 明确监管事权划分

一是国家药品监督管理局主管全国药品生产监督管理工作,对省、自治区、直辖市药品监督管理部门的监督检查工作进行监督和指导。二是核查中心负责制定药品检查制度规范和技术文件，负责推进省级药品检查机构质量体系一致性，承担药品生产环节的有因检查、境外检查以及组织疫苗巡查等。三是明确实行属地监管原则。生产企业所在地省药监局负责日常监管，持有人所在地省药监局负责对持有人的日常管理，可以对生产过程和原辅包进行延伸检查。生产企业、原料药以及辅料、药包材所在地省药监局负责其场地监督检查。涉及违法的，按照现行法规执行。四是坚持品种管理主线原则，持有人负责产品质量全部责任，持有人所在地省药监局牵头负责案件查办工作，有关省药监局应配合做好调查处置工作。五是建立信息共享机制，实现检查结果互通和分享。

1.3.4 进一步规范了检查工作要求

一是规定了许可证发放的现场检查要求与时限以及现场检查的资料要求。二是规定了检查的基本程序和检查结果的后续处理措施。三是依据品种特点，规定了检查的频次和要求，如特药(麻醉药品、一类精神药品)和疫苗、血液制品、无菌制剂等。四是强化风险管理，明确药监部门通过监督检查发现药品生产管理缺陷的，应当责令企业整改，并对企业整改情况及时跟踪，督促企业整改到位。五是对发现存在药品质量安全风险隐患的，应当根据风险级别依法采取相应的风险控制措施。风险消除后，原做出风险控制措施的药品监督管理部门解除风险控制措施。五是落实地方政府责任，按照法律规定，对不依法履行属地责任的地方人民政府进行责任约谈。

1.4 国家药监局的相关公告

（1）自2020年7月1日起，从事制剂、原料药、中药饮片生产活动的申请人，新申请药品生产许可，应当按照新版《药品生产监督管理办法》有关规定办理。

在2020年7月1日前，已受理但尚未批准的药品生产许可申请，在新版《药品生产监督管理办法》施行后，应当按照新版《药品生产监督管理办法》有关规定进行办理。

生产许可现场检查验收标准应当符合《中华人民共和国药

品管理法》及实施条例有关规定和药品生产质量管理规范相关要求。《药品生产许可证》许可范围在正本应当载明剂型，在副本应当载明车间和生产线。

（2）现有《药品生产许可证》在有效期内继续有效。新版《药品生产监督管理办法》施行后，对于药品生产企业申请变更、重新发证、补发等的，应当按照新版《药品生产监督管理办法》有关要求进行审查，符合规定的，发给新的《药品生产许可证》。变更、补发的原有效期不变，重新发证的有效期自发证之日起计算。

（3）已取得《药品生产许可证》的药品上市许可持有人（以下称“持有人”）委托生产制剂的，按照新版《药品生产监督管理办法》第十六条有关变更生产地址或者生产范围的规定办理，委托双方的企业名称、品种名称、批准文号、有效期等有关变更情况，应当在《药品生产许可证》副本中载明。

委托双方在同一个省的，持有人应当向所在地省级药品监管部门提交相关申请材料，受托方应当配合持有人提供相关材料。省级药品监管部门应当对持有人提交的申请材料进行审查，并对受托方生产药品的车间和生产线开展现场检查，作出持有人变更生产地址或者生产范围的决定。

委托双方不在同一个省的，受托方应当通过所在地省级药品监管部门对受托方生产药品的车间和生产线的现场检查，配合持有人提供相关申请材料。持有人所在地省级药品监管部门应当对持有人提交的申请材料进行审查，并结合受托方所在地省级药品监管部门出具的现场检查结论，作出持有人变更生产地址或者生产范围的决定。

委托生产涉及的车间或者生产线没有经过药品生产质量管理规范符合性检查（以下简称“GMP符合性检查”），所在地省级药品监管部门应当进行GMP符合性检查。

（4）原已经办理药品委托生产批件的，在有效期内继续有效。新版《药品生产监督管理办法》实施后，委托双方任何一方的《药品生产许可证》到期、变更、重新审查发证、补发的，或者药品委托生产批件到期的，原委托生产应当终止，需要继续委托生产的，应当按照新版《药品生产监督管理办法》有关生产地址和生产范围变更的规定以及本公告的要求办理。药品委托生产不再单独发放药品委托生产批件。

（5）2020年7月1日前，已依法取得《药品生产许可证》，且其车间或者生产线未进行GMP符合性检查的，应当按照新版《药品生产监督管理办法》规定进行GMP符合性检查。

（6）持有人委托生产制剂的，应当与符合条件的药品生产企业签订委托协议和质量协议，委托协议和质量协议的内容应当符合有关法律法规规定。国家药监局发布药品委托生产质量协议指南后，委托双方应当按照要求对委托协议和质量协议进行完善和补充签订。

（7）持有人试点期间至新修订《药品注册管理办法》实施前，以委托生产形式获得批准上市的，其持有人应在2020年7月1日前向所在地省级药品监管部门申请办理《药品生产许可证》。各级药品监管部门应当按照药品上市许可持有人检查工作程序及检查要点的规定，依职责加强持有人在注册、生产、经营等环节的监督检查。

（8）各级药品监督管理部门要加强领导、统筹部署，结合本行政区域的工作实际，做好新修订的《药品生产监督管理办法》的宣贯和培训。要全面贯彻药品监管“四个最严”要求，严格落实药品管理法律法规规章等规定，按照属地监管原则，加大生产环节的监管力度，加强跨省委托生产监管和信息通报，统筹安排2020年《药品生产许可证》重新审查发证工作，确保监管力度不减、标准不降、监管不断，保证药品质量安全。

（9）新版《药品生产监督管理办法》和本公告中涉及的相关表格见附件。工作中遇到的重大问题，应当及时报告国家药监局。

第二章《药品生产监督管理办法》修订主要内容

2.1 《药品生产监督管理办法》新旧章节对比

表2-1 《药品生产监督管理办法》新旧章节对比

章节	2017年版	2020年版
第一章	总则	总则
第二章	开办药品生产企业的申请与审批	生产许可
第三章	药品生产许可证管理	生产管理
第四章	药品委托生产的管理	监督检查
第五章	监督检查	法律责任
第六章	法律责任	附则
第七章	附则	
总计	60条	81条

2.2 《药品生产监督管理办法》新版特点

2.2.1 新旧法规的变与不变

表2-2 新旧法规的变与不变

变化	不变
持有人管理（更加强调上市后质量责任）	宗旨不变（保证药品安全有效）

续表

变化	不变
GMP管理（从认证管理到全过程监督） 中央地方监管的衔接（建立监管的起点） 跨省监管（检查体系一致，信息通报） 委托生产管理（批件管理变为生产地址范围管理） 原辅包监管模式变化（持有人责任和延伸检查） 行政措施（分层分级，科学应对） 行政处罚（更加严厉，利剑高悬） ……	生产许可管理方式（行政许可事项，有关内容细化、优化） 生产和监管的标准和要求（GMP等规范仍然有效，相应SOP可以继续完善实施） 原料药生产监管（仍然核发生产许可证） 检查结果告知、共享（以一定形式呈现） ……

2.2.2 简政放权，促进行业高质量健康发展

新版《药品生产监督管理办法》采取一系列简政放权举措，其中最主要的一项是取消药品GMP认证。办法实施后，依据风险为基础进行检查，确保企业持续合规是未来监管的主要方式。以监管检查为核心的监管必将促进药品上市许可持有人和药品生产企业承担质量保证义务和责任，促进行业逐步走向规范、高质量健康发展。

2020年版《药品管理法》实施后，药品生产违法行为将受到严厉的处罚，药品企业普遍感觉压力较大，《药品生产监督管理办法》出台后，期待变压力为动力，督促持有人和药品生产企业持续改进药品质量管理体系，谨慎选择委托生产、委托经营合作伙伴，严格供应商审核，勇于承担质量责任，严格遵守药品生产质量管理规范，确保生产过程持续符合法定要求的

最严标准。办法中明晰的责任规定，有利于企业积极履行责任，做到合法依规开展生产。

2.2.3 严格药品生产准入，许可证实行分类管理

第一，上市许可持有人和受托生产企业需要办理生产许可证。充分考虑药品属地化监管的基本原则，除药品生产企业外，将委托生产的药品上市许可持有人（以下简称持有人）纳入生产许可管理范围，均需到所在地省级药监部门办理生产许可证。

第二，从事制剂、原料药和中药饮片生产活动需要办理生产许可证。原料药在我国仍实行行政许可制（单独审评审批或关联审评）和生产许可证管理。

第三，生产许可证增加英文字母分类编码（第七十七条），大写字母代表生产主体类型，小写字母代表制剂属性，例如A代表自行生产的持有人，B代表委托生产的持有人，C代表接受委托的生产企业，D代表原料药生产企业。

2.2.4 取消委托生产单独审批，建立持有人委托生产管理的新模式

委托生产不再实行单独审批，按照生产地址变更程序办理，属于生产许可证生产地址和生产范围许可事项变更范围，由省级药品监管部门审查决定。对上述变更涉及注册事项的，在省级药品监管部门批准后还要报送国家药品监督管理局药品审评中心更新相关的药品注册证书及其附件内容。

明确委托生产责任链。第二十七条规定，药品上市许可持有人应当建立药品质量保证体系，配备专门人员独立负责药品质量管理，承担对受托药品生产企业、药品经营企业的质量管

理体系审核和监督，使其持续具备质量保证和控制能力的义务。第四十二条规定药品上市许可持有人应当对受托方的质量保证能力和风险管理能力进行评估，与其签订质量协议以及委托协议，监督受托方履行有关协议约定的义务。受托方不得将接受委托生产的药品再次委托第三方生产。

明确经批准或者通过关联审评审批的原料药应当自行生产，不得再行委托他人生产。

2.2.5 全面体现"四个最严"，药品质量和安全重于泰山

（1）强调生产活动"全过程""持续"合规

生产监管办法中多处强调遵守药品生产质量管理规范，特别强调了上市许可持有人、药品生产企业、供应商等主体保证药品生产全过程持续符合法定要求，强调药品生产、原料辅料等遵守药品生产质量管理规范和药品标准。办法给产业界一个明显的信号，取消GMP认证后，通过动态持续合规的要求实际上加强了药品生产监管。"全过程"和"持续合规"是生产监管办法的重点，应当全面把握，深入理解，务实推进实施。

明确关键责任人配备与登记要求。明确上市许可持有人和药品生产企业的法定代表人、主要负责人职责（第二十八条、第二十九条），配备专门质量负责人和质量受权人独立负责质量管理和上市放行。在药品生产许可证中登记持有人和药品生产企业中的关键人员，一方面明确责任人，另一方面，当出现违反《药品管理法》等法律的违法行为时能处罚到人，涉及《药品管理法》第一百一十八条、第一百二十条、第一百二十三条到第一百二十六条等条款，具体处罚措施包括罚

款、行政拘留、禁业罚等。

明确出厂放行与上市放行要求。药品生产企业负责药品出厂放行，经质量受权人签字后方可出厂放行。药品上市许可持有人负责药品上市放行，对药品生产企业出厂放行的药品检验结果和放行文件进行审核，经质量受权人签字后方可上市放行。执行此条规定应当根据具体情况，当前绝大多数情况下，生产企业即是持有人，可以整合出厂放行和上市放行程序。而对于持有人与生产企业不是同一主体的情形，应当严格执行双放行要求。

明确持有人和生产企业的多项义务。主要包括持续更新药品生产场地主文件（第二十四条）、年度自检（第三十八条）、年度报告（第三十九条）、上市后风险管理计划（第四十条）、建立药物警戒体系（第四十一条）、工艺变更管理和控制（第四十三条）、关键人员变更登记（第十五条、第四十五条）、短缺药品报告（第四十六条）、境外持有人代理人和境外场地检查（第四十七条、第四十八条）。

《药品生产监督管理办法》首次提及场地主文件的概念，是指由药品生产企业编写的药品生产活动概述性文件，是药品生产活动概述性文件，是药品生产企业质量管理文件体系的一部分。但是，相关的要求目前并未明确。

（2）强化动态检查，开展以风险为基础的最严格监管

细化职业化、专业化检查员制度落实要求。第五十一条规定药品监督管理部门应当建立健全职业化、专业化检查员制度，明确检查员的资格标准、检查职责、分级管理、能力培

训、行为规范、绩效评价和退出程序等规定，提升检查员的专业素质和工作水平。

建立持有人与药品生产企业属地化监督检查原则，必要时开展跨区域联合检查。按第五十条规定，药品上市许可持有人和受托生产企业不在同一省、自治区、直辖市的，以企业所在地省级药监部门负责监管为基本原则。省级药品监督管理部门应当加强监督检查信息互相通报，及时将监督检查信息更新到药品安全信用档案中，必要时可以开展联合检查。生产监管办法还特别规定，省级药品监管部门可以依据更新到药品安全信用档案中的跨省监管结果开展调查并采取相应的监管措施，提升跨省监管效能。

明确上市前GMP符合性检查与注册现场核查的关系。第五十二条规定，未曾通过GMP检查的品种需要注册现场核查的，同步开展GMP符合性检查；不需要注册现场核查的，省级药监部门自行开展上市前GMP符合性检查；之前已经通过GMP符合性检查的品种，省级药监部门决定是否开展上市前GMP符合性检查。

确立以风险为基础的检查频次，对高风险药品提高检查频次。对麻醉药品、第一类精神药品、药品类易制毒化学品生产企业每季度检查不少于一次；对疫苗、血液制品、放射性药品、医疗用毒性药品、无菌药品等高风险药品生产企业，每年不少于一次药品生产质量管理规范符合性检查；对上述产品之外的药品生产企业，每年抽取一定比例开展监督检查，三年内全覆盖；对原料、辅料、直接接触药品的包装材料和容器等供应商、生产企业抽查并且五年内全覆盖。省级药监部门有权合理调整检查频次。

确立检查后监管新措施。第一，明确告诫信的发布条件。告诫信，是指药品监督管理部门在药品监督管理活动中，对有证据证明可能存在安全隐患的，依法发出的信函。告诫信应当载明存在缺陷、问题和整改要求。发布告诫信适用于检查后需要整改的，以及发现质量问题或者其他安全隐患的情形。第二，对于药品质量问题或者其他安全隐患的，还要依据风险相应采取暂停生产、销售、使用、进口等控制措施，药品上市许可持有人应当依法召回药品。第三，风险消除后，采取控制措施的药品监督管理部门应当解除控制措施。第四，发生与药品质量有关的重大安全事件，药品上市许可持有人应当立即对有关药品及其原料、辅料以及直接接触药品的包装材料和容器、相关生产线等采取封存等控制措施，并立即报告所在地省级药品监督管理部门和有关部门，省级药品监管部门应当向国家药监局报告。

（3）细化法律责任，对违法生产实施最严厉的处罚

细化药品生产违法行为处罚措施。对药品生产许可证中的生产地址、生产范围未经批准变更、许可证超期行为按照《药品管理法》第一百一十五条处罚。对于未配备专门质量负责人、质量受权人履行质量管理、放行职责等违法行为按照第一百二十六条规定处罚。

第三章 《药品生产监督管理办法》新旧对比

以下对《药品生产监督管理办法》新旧进行对比，左列为新版（2020年版）《办法》，右列为旧版（2017年版）与新版对应的内容。左列下划线为新增内容，右侧阴影部分为新版删除部分。

3.1 总则

表3-1 总则新旧对比

2020年版	2017年版
第一章 总则	第一章 总则
第一条 为加强药品生产监督管理，规范药品生产活动，根据《中华人民共和国药品管理法》（以下简称《药品管理法》）、《中华人民共和国中医药法》《中华人民共和国疫苗管理法》（以下简称《疫苗管理法》）、《中华人民共和国行政许可法》《中华人民共和国药品管理法实施条例》等法律、行政法规，制定本办法。	第一章 总则 第一条 为加强药品生产的监督管理，根据《中华人民共和国药品管理法》《中华人民共和国药品管理法实施条例》（以下简称《药品管理法》《药品管理法实施条例》），制定本办法。
第二条 在中华人民共和国境内上市药品的生产及监督管理活动，应当遵守本办法。	

续表

2020年版	2017年版
第三条 从事药品生产活动，应当遵守法律、法规、规章、标准和规范，保证全过程信息真实、准确、完整和可追溯。 从事药品生产活动，应当经所在地省、自治区、直辖市药品监督管理部门批准，依法取得药品生产许可证，严格遵守药品生产质量管理规范，确保生产过程持续符合法定要求。 药品上市许可持有人应当建立药品质量保证体系，履行药品上市放行责任，对其取得药品注册证书的药品质量负责。 中药饮片生产企业应当履行药品上市许可持有人的相关义务，确保中药饮片生产过程持续符合法定要求。 原料药生产企业应当按照核准的生产工艺组织生产，严格遵守药品生产质量管理规范，确保生产过程持续符合法定要求。 经关联审评的辅料、直接接触药品的包装材料和容器的生产企业以及其他从事与药品相关生产活动的单位和个人依法承担相应责任。	**第一章 总则 第三条** 国家食品药品监督管理局主管全国药品生产监督管理工作；省、自治区、直辖市（食品）药品监督管理部门负责本行政区域内的药品生产监督管理工作。
第四条 药品上市许可持有人、药品生产企业应当建立并实施药品追溯制度，按照规定赋予药品各级销售包装单元追溯标识，通过信息化手段实施药品追溯，及时准确记录、保存药品追溯数据，并向药品追溯协同服务平台提供追溯信息。	

续表

2020年版	2017年版
第五条　国家药品监督管理局主管全国药品生产监督管理工作，对省、自治区、直辖市药品监督管理部门的药品生产监督管理工作进行监督和指导。 省、自治区、直辖市药品监督管理部门负责本行政区域内的药品生产监督管理，承担药品生产环节的许可、检查和处罚等工作。 国家药品监督管理局食品药品审核查验中心（以下简称核查中心）组织制定药品检查技术规范和文件，承担境外检查以及组织疫苗巡查等，分析评估检查发现风险、作出检查结论并提出处置建议，负责各省、自治区、直辖市药品检查机构质量管理体系的指导和评估。 国家药品监督管理局信息中心负责药品追溯协同服务平台、药品安全信用档案建设和管理，对药品生产场地进行统一编码。 药品监督管理部门依法设置或者指定的药品审评、检验、核查、监测与评价等专业技术机构，依职责承担相关技术工作并出具技术结论，为药品生产监督管理提供技术支撑。	第一章　总则　第二条　药品生产监督管理是指（食品）药品监督管理部门依法对药品生产条件和生产过程进行审查、许可、监督检查等管理活动。

3.2　生产许可

表3-2　生产许可新旧对比

2020年版	2017年版
第二章　生产许可	第二章　开办药品生产企业的申请与审批、第三章　药品生产许可证管理、第五章　监督检查、第七章　附则

续表

2020年版	2017年版
第六条 从事药品生产，应当符合以下条件： （一）有依法经过资格认定的药学技术人员、工程技术人员及相应的技术工人，法定代表人、企业负责人、生产管理负责人（以下称生产负责人）、质量管理负责人（以下称质量负责人）、质量受权人及其他相关人员符合《药品管理法》《疫苗管理法》规定的条件； （二）有与药品生产相适应的厂房、设施、设备和卫生环境； （三）有能对所生产药品进行质量管理和质量检验的机构、人员； （四）有能对所生产药品进行质量管理和质量检验的必要的仪器设备； （五）有保证药品质量的规章制度，并符合药品生产质量管理规范要求。 从事疫苗生产活动的，还应当具备下列条件： （一）具备适度规模和足够的产能储备； （二）具有保证生物安全的制度和设施、设备； （三）符合疾病预防、控制需要。	**第二章 开办药品生产企业的申请与审批 第四条** 开办药品生产企业，除应当符合国家制定的药品行业发展规划和产业政策外，还应当符合以下条件： （一）具有依法经过资格认定的药学技术人员、工程技术人员及相应的技术工人，企业法定代表人或者企业负责人、质量负责人无《药品管理法》第七十六条规定的情形； （二）具有与其药品生产相适应的厂房、设施和卫生环境； （三）具有能对所生产药品进行质量管理和质量检验的机构、人员以及必要的仪器设备； （四）具有保证药品质量的规章制度。 国家有关法律、法规对生产麻醉药品、精神药品、医疗用毒性药品、放射性药品、药品类易制毒化学品等另有规定的，依照其规定。

续表

2020年版	2017年版
第七条 从事制剂、原料药、中药饮片生产活动，申请人应当按照本办法和国家药品监督管理局规定的申报资料要求，向所在地省、自治区、直辖市药品监督管理部门提出申请。 委托他人生产制剂的药品上市许可持有人，应当具备本办法第六条第一款第一项、第三项、第五项规定的条件，并与符合条件的药品生产企业签订委托协议和质量协议，将相关协议和实际生产场地申请资料合并提交至药品上市许可持有人所在地省、自治区、直辖市药品监督管理部门，按照本办法规定申请办理药品生产许可证。 申请人应当对其申请材料全部内容的真实性负责。	**第二章 开办药品生产企业的申请与审批 第五条** 开办药品生产企业的申请人，应当向拟办企业所在地省、自治区、直辖市（食品）药品监督管理部门提出申请，并提交以下材料： （一）申请人的基本情况及其相关证明文件； （二）拟办企业的基本情况，包括拟办企业名称、生产品种、剂型、设备、工艺及生产能力；拟办企业的场地、周边环境、基础设施等条件说明以及投资规模等情况说明； （三）企业营业执照，生产地址及注册地址、企业类型、法定代表人或者企业负责人； （四）拟办企业的组织机构图（注明各部门的职责及相互关系、部门负责人）； （五）拟办企业的法定代表人、企业负责人、部门负责人简历，学历和职称证书；依法经过资格认定的药学及相关专业技术人员、工程技术人员、技术工人登记表，并标明所在部门及岗位；高级、中级、初级技术人员的比例情况表； （六）拟办企业的周边环境图、总平面布置图、仓储平面布置图、质量检验场所平面布置图； （七）拟办企业生产工艺布局平面图（包括更衣室、盥洗间、人流和物流通道、气闸等，并标明人、物流向和空气洁净度等级），空气净化系统的送风、回风、排风平面布置图，工艺设备平面布置图； （八）拟生产的范围、剂型、品种、质量标准及依据； （九）拟生产剂型及品种的工艺流程图，并注明主要质量控制点与项目； （十）空气净化系统、制水系统、主要设备验证概况；生产、检验仪器、仪表、衡器校验情况； （十一）主要生产设备及检验仪器目录； （十二）拟办企业生产管理、质量管理文件目录。 申请人应当对其申请材料全部内容的真实性负责。

续表

2020年版	2017年版
第八条 省、自治区、直辖市药品监督管理部门收到申请后，应当根据下列情况分别作出处理： （一）申请事项依法不属于本部门职权范围的，应当即时作出不予受理的决定，并告知申请人向有关行政机关申请； （二）申请事项依法不需要取得行政许可的，应当即时告知申请人不受理； （三）申请材料存在可以当场更正的错误的，应当允许申请人当场更正； （四）申请材料不齐全或者不符合形式审查要求的，应当当场或者在五日内发给申请人补正材料通知书，一次性告知申请人需要补正的全部内容，逾期不告知的，自收到申请材料之日起即为受理； （五）申请材料齐全、符合形式审查要求，或者申请人按照要求提交全部补正材料的，予以受理。 省、自治区、直辖市药品监督管理部门受理或者不予受理药品生产许可证申请的，应当出具加盖本部门专用印章和注明日期的受理通知书或者不予受理通知书。	**第二章 开办药品生产企业的申请与审批 第七条** 省、自治区、直辖市（食品）药品监督管理部门收到申请后，应当根据下列情况分别作出处理： （一）申请事项依法不属于本部门职权范围的，应当即时作出不予受理的决定，并告知申请人向有关行政机关申请； （二）申请材料存在可以当场更正的错误的，应当允许申请人当场更正； （三）申请材料不齐全或者不符合形式审查要求的，应当当场或者在5个工作日内发给申请人《补正材料通知书》，一次性告知申请人需要补正的全部内容，逾期不告知的，自收到申请材料之日起即为受理； （四）申请材料齐全、符合形式审查要求，或者申请人按照要求提交全部补正材料的，予以受理。 省、自治区、直辖市（食品）药品监督管理部门受理或者不予受理药品生产企业开办申请的，应当出具加盖本部门受理专用印章并注明日期的《受理通知书》或者《不予受理通知书》。

续表

2020年版	2017年版
第九条 省、自治区、直辖市药品监督管理部门应当自受理之日起三十日内，作出决定。 经审查符合规定的，予以批准，并自书面批准决定作出之日起十日内颁发药品生产许可证；不符合规定的，作出不予批准的书面决定，并说明理由。 省、自治区、直辖市药品监督管理部门按照药品生产质量管理规范等有关规定组织开展申报资料技术审查和评定、现场检查。	**第二章 开办药品生产企业的申请与审批 第八条** 省、自治区、直辖市（食品）药品监督管理部门应当自收到申请之日起30个工作日内，作出决定。 经审查符合规定的，予以批准，并自书面批准决定作出之日起10个工作日内核发《药品生产许可证》；不符合规定的，作出不予批准的书面决定，并说明理由，同时告知申请人享有依法申请行政复议或者提起行政诉讼的权利。
第十条 省、自治区、直辖市药品监督管理部门应当在行政机关的网站和办公场所公示申请药品生产许可证所需要的条件、程序、期限、需要提交的全部材料的目录和申请书示范文本等。 省、自治区、直辖市药品监督管理部门颁发药品生产许可证的有关信息，应当予以公开，公众有权查阅。	**第二章 开办药品生产企业的申请与审批 第十条** 省、自治区、直辖市（食品）药品监督管理部门应当在行政机关的网站和办公场所公示申请《药品生产许可证》所需要的条件、程序、期限、需要提交的全部材料的目录和申请书示范文本等。 省、自治区、直辖市（食品）药品监督管理部门颁发《药品生产许可证》的有关信息，应当予以公开，公众有权查阅。

续表

2020年版	2017年版
第十一条 省、自治区、直辖市药品监督管理部门对申请办理药品生产许可证进行审查时，应当公开审批结果，并提供条件便利申请人查询审批进程。 未经申请人同意，药品监督管理部门、专业技术机构及其工作人员不得披露申请人提交的商业秘密、未披露信息或者保密商务信息，法律另有规定或者涉及国家安全、重大社会公共利益的除外。	**第二章 开办药品生产企业的申请与审批 第十一条** 省、自治区、直辖市（食品）药品监督管理部门对药品生产企业开办申请进行审查时，应当公示审批过程和审批结果。申请人和利害关系人可以对直接关系其重大利益的事项提交书面意见进行陈述和申辩。
第十二条 申请办理药品生产许可证直接涉及申请人与他人之间重大利益关系的，申请人、利害关系人依照法律、法规规定享有申请听证的权利。 在对药品生产企业的申请进行审查时，省、自治区、直辖市药品监督管理部门认为涉及公共利益的，应当向社会公告，并举行听证。	**第二章 开办药品生产企业的申请与审批 第十二条** 药品生产企业开办申请直接涉及申请人与他人之间重大利益关系的，省、自治区、直辖市（食品）药品监督管理部门应当告知申请人、利害关系人可以依照法律、法规以及国家食品药品监督管理局的其他规定享有申请听证的权利；在对药品生产企业开办申请进行审查时，省、自治区、直辖市（食品）药品监督管理部门认为涉及公共利益的重大许可事项，应当向社会公告，并举行听证。

续表

2020年版	2017年版
第十三条 药品生产许可证有效期为五年，分为正本和副本。药品生产许可证样式由国家药品监督管理局统一制定。药品生产许可证电子证书与纸质证书具有同等法律效力。	**第三章 药品生产许可证管理 第十三条** 《药品生产许可证》分正本和副本，正本、副本具有同等法律效力，有效期为5年。 《药品生产许可证》由国家食品药品监督管理局统一印制。 **第七章 附则 第五十九条** 食品药品监督管理部门制作的药品生产许可电子证书与印制的药品生产许可证书具有同等法律效力。
第十四条 药品生产许可证应当载明许可证编号、分类码、企业名称、统一社会信用代码、住所（经营场所）、法定代表人、企业负责人、生产负责人、质量负责人、质量受权人、生产地址和生产范围、发证机关、发证日期、有效期限等项目。 企业名称、统一社会信用代码、住所（经营场所）、法定代表人等项目应当与市场监督管理部门核发的营业执照中载明的相关内容一致。	**第三章 药品生产许可证管理 第十四条** 《药品生产许可证》应当载明许可证编号、企业名称、法定代表人、企业负责人、企业类型、注册地址、生产地址、生产范围、发证机关、发证日期、有效期限等项目。其中由（食品）药品监督管理部门核准的许可事项为：企业负责人、生产范围、生产地址。 企业名称、法定代表人、注册地址、企业类型等项目应当与工商行政管理部门核发的营业执照中载明的相关内容一致。 企业名称应当符合药品生产企业分类管理的原则；生产地址按照药品实际生产地址填写；许可证编号和生产范围按照国家食品药品监督管理局规定的方法和类别填写。

续表

2020年版	2017年版
第十五条 药品生产许可证载明事项分为许可事项和登记事项。 许可事项是指生产地址和生产范围等。 登记事项是指企业名称、住所（经营场所）、法定代表人、企业负责人、生产负责人、质量负责人、质量受权人等。	**第三章 药品生产许可证管理 第十五条** 《药品生产许可证》变更分为许可事项变更和登记事项变更。 许可事项变更是指企业负责人、生产范围、生产地址的变更。 登记事项变更是指本办法第十四条第二款所列事项的变更。
第十六条 变更药品生产许可证许可事项的，向原发证机关提出药品生产许可证变更申请。未经批准，不得擅自变更许可事项。 原发证机关应当自收到企业变更申请之日起十五日内作出是否准予变更的决定。不予变更的，应当书面说明理由，并告知申请人享有依法申请行政复议或者提起行政诉讼的权利。 变更生产地址或者生产范围，药品生产企业应当按照本办法第六条的规定及相关变更技术要求，提交涉及变更内容的有关材料，并报经所在地省、自治区、直辖市药品监督管理部门审查决定。	**第三章 药品生产许可证管理 第十六条** 药品生产企业变更《药品生产许可证》许可事项的，应当在原许可事项发生变更30日前，向原发证机关提出《药品生产许可证》变更申请。未经批准，不得擅自变更许可事项。 原发证机关应当自收到企业变更申请之日起15个工作日内作出是否准予变更的决定。不予变更的，应当书面说明理由，并告知申请人享有依法申请行政复议或者提起行政诉讼的权利。 变更生产范围或者生产地址的，药品生产企业应当按照本办法第五条的规定提交涉及变更内容的有关材料，并报经所在地省、自治区、直辖市（食品）药品监督管理部门审查决定。 药品生产企业依法办理《药品生产许可证》许可事项的变更手续后，应当及时向工商行政管理部门办理企业注册登记的变更手续。

续表

2020年版	2017年版
原址或者异地新建、改建、扩建车间或者生产线的，应当符合相关规定和技术要求，提交涉及变更内容的有关材料，并报经所在地省、自治区、直辖市药品监督管理部门进行药品生产质量管理规范符合性检查，检查结果应当通知企业。检查结果符合规定，产品符合放行要求的可以上市销售。有关变更情况，应当在药品生产许可证副本中载明。 上述变更事项涉及药品注册证书及其附件载明内容的，由省、自治区、直辖市药品监督管理部门批准后，报国家药品监督管理局药品审评中心更新药品注册证书及其附件相关内容。	**第二章　开办药品生产企业的申请与审批　第六条**　药品生产企业将部分生产车间分立，形成独立药品生产企业的，按照本办法第四条、第五条的规定办理《药品生产许可证》。 **第二章　开办药品生产企业的申请与审批　第九条**　新开办药品生产企业、药品生产企业新建药品生产车间或者新增生产剂型的，应当自取得药品生产证明文件或者经批准正式生产之日起30日内，按照国家食品药品监督管理局的规定向相应的（食品）药品监督管理部门申请《药品生产质量管理规范》认证。 **第五章　监督检查　第四十七条**　药品生产企业的关键生产设施等条件与现状发生变化的，应当自发生变化30日内报所在地省、自治区、直辖市（食品）药品监督管理部门备案，省、自治区、直辖市（食品）药品监督管理部门根据需要进行检查。
第十七条　变更药品生产许可证登记事项的，应当在市场监督管理部门核准变更或者企业完成变更后三十日内，向原发证机关申请药品生产许可证变更登记。原发证机关应当自收到企业变更申请之日起十日内办理变更手续。	**第三章　药品生产许可证管理　第十七条**　药品生产企业变更《药品生产许可证》登记事项的，应当在工商行政管理部门核准变更后30日内，向原发证机关申请《药品生产许可证》变更登记。原发证机关应当自收到企业变更申请之日起15个工作日内办理变更手续。

续表

2020年版	2017年版
第十八条 药品生产许可证变更后，原发证机关应当在药品生产许可证副本上记录变更的内容和时间，并按照变更后的内容重新核发药品生产许可证正本，收回原药品生产许可证正本，变更后的药品生产许可证终止期限不变。	**第三章 药品生产许可证管理 第十八条** 《药品生产许可证》变更后，原发证机关应当在《药品生产许可证》副本上记录变更的内容和时间，并按照变更后的内容重新核发《药品生产许可证》正本，收回原《药品生产许可证》正本，变更后的《药品生产许可证》有效期不变。
第十九条 药品生产许可证有效期届满，需要继续生产药品的，应当在有效期届满前六个月，向原发证机关申请重新发放药品生产许可证。 原发证机关结合企业遵守药品管理法律法规、药品生产质量管理规范和质量体系运行情况，根据风险管理原则进行审查，在药品生产许可证有效期届满前作出是否准予其重新发证的决定。符合规定准予重新发证的，收回原证，重新发证；不符合规定的，作出不予重新发证的书面决定，并说明理由，同时告知申请人享有依法申请行政复议或者提起行政诉讼的权利；逾期未作出决定的，视为同意重新发证，并予补办相应手续。	**第三章 药品生产许可证管理 第十九条** 《药品生产许可证》有效期届满，需要继续生产药品的，药品生产企业应当在有效期届满前6个月，向原发证机关申请换发《药品生产许可证》。 原发证机关结合企业遵守法律法规、《药品生产质量管理规范》和质量体系运行情况，按照本办法关于药品生产企业开办的程序和要求进行审查，在《药品生产许可证》有效期届满前作出是否准予其换证的决定。符合规定准予换证的，收回原证，换发新证；不符合规定的，作出不予换证的书面决定，并说明理由，同时告知申请人享有依法申请行政复议或者提起行政诉讼的权利；逾期未作出决定的，视为同意换证，并予补办相应手续。

续表

2020年版	2017年版
第二十条　有下列情形之一的，药品生产许可证由原发证机关注销，并予以公告： （一）主动申请注销药品生产许可证的； （二）药品生产许可证有效期届满未重新发证的； （三）营业执照依法被吊销或者注销的； （四）药品生产许可证依法被吊销或者撤销的； （五）法律、法规规定应当注销行政许可的其他情形。	第三章　药品生产许可证管理　第二十条　药品生产企业终止生产药品或者关闭的，由原发证机关缴销《药品生产许可证》，并通知工商行政管理部门。 第五章　监督检查　第四十九条　有《中华人民共和国行政许可法》（以下简称《行政许可法》）第七十条情形之一的，原发证机关应当依法注销《药品生产许可证》，并自注销之日起5个工作日内通知有关工商行政管理部门，同时向社会公布。
第二十一条　药品生产许可证遗失的，药品上市许可持有人、药品生产企业应当向原发证机关申请补发，原发证机关按照原核准事项在十日内补发药品生产许可证。许可证编号、有效期等与原许可证一致。	第三章　药品生产许可证管理　第二十一条 《药品生产许可证》遗失的，药品生产企业应当立即向原发证机关申请补发，并在原发证机关指定的媒体上登载遗失声明。原发证机关在企业登载遗失声明之日起满1个月后，按照原核准事项在10个工作日内补发《药品生产许可证》。
第二十二条　任何单位或者个人不得伪造、变造、出租、出借、买卖药品生产许可证。	第三章　品生产许可证管理　第二十二条　任何单位或者个人不得伪造、变造、买卖、出租、出借《药品生产许可证》。

续表

2020年版	2017年版
第二十三条　省、自治区、直辖市药品监督管理部门应当将药品生产许可证核发、重新发证、变更、补发、吊销、撤销、注销等办理情况，在办理工作完成后十日内在药品安全信用档案中更新。	第三章　药品生产许可证管理　第二十三条　省、自治区、直辖市（食品）药品监督管理部门应当将《药品生产许可证》核发、换发、变更、补发、吊销、撤销、缴销、注销等办理情况，在办理工作完成后20个工作日内报国家食品药品监督管理局备案。对依法收回、作废的《药品生产许可证》，发证机关应当建档保存5年。

3.3　生产管理

表3-3　生产管理新旧对比

2020年版	2017年版
第三章　生产管理	第四章　药品委托生产的管理
第二十四条　从事药品生产活动，应当遵守药品生产质量管理规范，按照国家药品标准、经药品监督管理部门核准的药品注册标准和生产工艺进行生产，按照规定提交并持续更新场地管理文件，对质量体系运行过程进行风险评估和持续改进，保证药品生产全过程持续符合法定要求。生产、检验等记录应当完整准确，不得编造和篡改。	第四章　药品委托生产的管理　第二十四条　药品委托生产的委托方应当是取得该药品批准文号的药品生产企业。

续表

2020年版	2017年版
第二十五条 疫苗上市许可持有人应当具备疫苗生产、检验必需的厂房设施设备，配备具有资质的管理人员，建立完善质量管理体系，具备生产出符合注册要求疫苗的能力，超出疫苗生产能力确需委托生产的，应当经国家药品监督管理局批准。	**第四章 药品委托生产的管理 第二十八条** 药品委托生产申请，由委托双方所在地省、自治区、直辖市食品药品监督管理部门负责受理和审批。 疫苗制品、血液制品以及国家食品药品监督管理局规定的其他药品不得委托生产。 麻醉药品、精神药品、医疗用毒性药品、放射性药品、药品类易制毒化学品的委托生产按照有关法律法规规定办理。
第二十六条 从事药品生产活动，应当遵守药品生产质量管理规范，建立健全药品生产质量管理体系，涵盖影响药品质量的所有因素，保证药品生产全过程持续符合法定要求。	**第四章 药品委托生产的管理 第二十五条** 药品委托生产的受托方应当是持有与生产该药品的生产条件相适应的《药品生产质量管理规范》认证证书的药品生产企业。
第二十七条 药品上市许可持有人应当建立药品质量保证体系，配备专门人员独立负责药品质量管理，对受托药品生产企业、药品经营企业的质量管理体系进行定期审核，监督其持续具备质量保证和控制能力。	

续表

2020年版	2017年版
第二十八条 药品上市许可持有人的法定代表人、主要负责人应当对药品质量全面负责，履行以下职责： （一）配备专门质量负责人独立负责药品质量管理； （二）配备专门质量受权人独立履行药品上市放行责任； （三）监督质量管理体系正常运行； （四）对药品生产企业、供应商等相关方与药品生产相关的活动定期开展质量体系审核，保证持续合规； （五）按照变更技术要求，履行变更管理责任； （六）对委托经营企业进行质量评估，与使用单位等进行信息沟通； （七）配合药品监督管理部门对药品上市许可持有人及相关方的延伸检查； （八）发生与药品质量有关的重大安全事件，应当及时报告并按持有人制定的风险管理计划开展风险处置，确保风险得到及时控制； （九）其他法律法规规定的责任。	**第四章 药品委托生产的管理 第二十六条** 委托方负责委托生产药品的质量和销售。委托方应当对受托方的生产条件、生产技术水平和质量管理状况进行详细考查，应当向受托方提供委托生产药品的技术和质量文件，对生产全过程进行指导和监督。 受托方应当按照《药品生产质量管理规范》进行生产，并按照规定保存所有受托生产文件和记录。
第二十九条 药品生产企业的法定代表人、主要负责人应当对本企业的药品生产活动全面负责，履行以下职责： （一）配备专门质量负责人独立负责药品质量管理，监督质量管理规范执行，确保适当的生产过程控制和质量控制，保证药品符合国家药品标准和药品注册标准； （二）配备专门质量受权人履行药品出厂放行责任； （三）监督质量管理体系正常运行，保证药品生产过程控制、质量控制以及记录和数据真实性； （四）发生与药品质量有关的重大安全事件，应当及时报告并按企业制定的风险管理计划开展风险处置，确保风险得到及时控制； （五）其他法律法规规定的责任。	

续表

2020年版	2017年版
第三十条 药品上市许可持有人、药品生产企业应当每年对直接接触药品的工作人员进行健康检查并建立健康档案，避免患有传染病或者其他可能污染药品疾病的人员从事直接接触药品的生产活动。	
第三十一条 药品上市许可持有人、药品生产企业在药品生产中，应当开展风险评估、控制、验证、沟通、审核等质量管理活动，对已识别的风险及时采取有效的风险控制措施，以保证产品质量。	
第三十二条 从事药品生产活动，应当对使用的原料药、辅料、直接接触药品的包装材料和容器等相关物料供应商或者生产企业进行审核，保证购进、使用符合法规要求。 生产药品所需的原料、辅料，应当符合药用要求以及相应的生产质量管理规范的有关要求。直接接触药品的包装材料和容器，应当符合药用要求，符合保障人体健康、安全的标准。	
第三十三条 经批准或者通过关联审评审批的原料药、辅料、直接接触药品的包装材料和容器的生产企业，应当遵守国家药品监督管理局制定的质量管理规范以及关联审评审批有关要求，确保质量保证体系持续合规，接受药品上市许可持有人的质量审核，接受药品监督管理部门的监督检查或者延伸检查。	
第三十四条 药品生产企业应当确定需进行的确认与验证，按照确认与验证计划实施。定期对设施、设备、生产工艺及清洁方法进行评估，确认其持续保持验证状态。	

续表

2020年版	2017年版
第三十五条 药品生产企业应当采取防止污染、交叉污染、混淆和差错的控制措施，定期检查评估控制措施的适用性和有效性，以确保药品达到规定的国家药品标准和药品注册标准，并符合药品生产质量管理规范要求。 药品上市许可持有人和药品生产企业不得在药品生产厂房生产对药品质量有不利影响的其他产品。	
第三十六条 药品包装操作应当采取降低混淆和差错风险的措施，药品包装应当确保有效期内的药品储存运输过程中不受污染。 药品说明书和标签中的表述应当科学、规范、准确，文字应当清晰易辨，不得以粘贴、剪切、涂改等方式进行修改或者补充。	**第四章 药品委托生产的管理 第三十五条** 委托生产药品的质量标准应当执行国家药品质量标准，其处方、生产工艺、包装规格、标签、使用说明书、批准文号等应当与原批准的内容相同。在委托生产的药品包装、标签和说明书上，应当标明委托方企业名称和注册地址、受托方企业名称和生产地址。
第三十七条 药品生产企业应当建立药品出厂放行规程，明确出厂放行的标准、条件，并对药品质量检验结果、关键生产记录和偏差控制情况进行审核，对药品进行质量检验。符合标准、条件的，经质量受权人签字后方可出厂放行。 药品上市许可持有人应当建立药品上市放行规程，对药品生产企业出厂放行的药品检验结果和放行文件进行审核，经质量受权人签字后方可上市放行。 中药饮片符合国家药品标准或者省、自治区、直辖市药品监督管理部门制定的炮制规范的，方可出厂、销售。	

续表

2020年版	2017年版
第三十八条 药品上市许可持有人、药品生产企业应当每年进行自检，监控药品生产质量管理规范的实施情况，评估企业是否符合相关法规要求，并提出必要的纠正和预防措施。	
第三十九条 药品上市许可持有人应当建立年度报告制度，按照国家药品监督管理局规定每年向省、自治区、直辖市药品监督管理部门报告药品生产销售、上市后研究、风险管理等情况。 疫苗上市许可持有人应当按照规定向国家药品监督管理局进行年度报告。	
第四十条 药品上市许可持有人应当持续开展药品风险获益评估和控制，制定上市后药品风险管理计划，主动开展上市后研究，对药品的安全性、有效性和质量可控性进行进一步确证，加强对已上市药品的持续管理。	
第四十一条 药品上市许可持有人应当建立药物警戒体系，按照国家药品监督管理局制定的药物警戒质量管理规范开展药物警戒工作。 药品上市许可持有人、药品生产企业应当经常考察本单位的药品质量、疗效和不良反应。发现疑似不良反应的，应当及时按照要求报告。	

续表

2020年版	2017年版
第四十二条 药品上市许可持有人委托生产药品的，应当符合药品管理的有关规定。 药品上市许可持有人委托符合条件的药品生产企业生产药品的，应当对受托方的质量保证能力和风险管理能力进行评估，根据国家药品监督管理局制定的药品委托生产质量协议指南要求，与其签订质量协议以及委托协议，监督受托方履行有关协议约定的义务。 受托方不得将接受委托生产的药品再次委托第三方生产。 经批准或者通过关联审评审批的原料药应当自行生产，不得再行委托他人生产。	**第四章 药品委托生产的管理 第二十七条** 委托生产药品的双方应当签署合同，内容应当包括双方的权利与义务，并具体规定双方在药品委托生产技术、质量控制等方面的权利与义务，且应当符合国家有关药品管理的法律法规。 **第四章 药品委托生产的管理 第二十四条** 药品委托生产的委托方应当是取得该药品批准文号的药品生产企业。 **第四章 药品委托生产的管理 第二十九条** 药品委托生产的，由委托方向省、自治区、直辖市食品药品监督管理部门提出申请，并提交本办法 第三十四条 规定的申请材料。（食品）药品监督管理部门参照本办法第七条的规定进行受理。 **第四章 药品委托生产的管理 第三十一条** 受理申请的（食品）药品监督管理部门应当自受理之日起20个工作日内，按照本章规定的条件对药品委托生产的申请进行审查，并作出决定；20个工作日内不能作出决定的，经本部门负责人批准，可以延长10个工作日，并应当将延长期限的理由告知委托方。 经审查符合规定的，予以批准，并自书面批准决定作出之日起10个工作日内向委托方发放《药品委托生产批件》；不符合规定的，书面通知委托方并说明理由，同时告知其享有依法申请行政复议或者提起行政诉讼的权利。 **第四章 药品委托生产的管理 第三十二条** 《药品委托生产批件》有效期不得超过2年，且不得超过该药品批准证明文件规定的有效期限。

续表

2020年版	2017年版
	第四章 药品委托生产的管理 第三十三条 《药品委托生产批件》有效期届满需要继续委托生产的，委托方应当在有效期届满30日前，按照本办法第三十四条的规定提交有关材料，办理延期手续。 委托生产合同终止的，委托方应当及时办理《药品委托生产批件》的注销手续。 第四章 药品委托生产的管理 第三十四条 药品委托生产申请材料项目： （一）委托方和受托方的《药品生产许可证》、营业执照复印件； （二）受托方《药品生产质量管理规范》认证证书复印件； （三）委托方对受托方生产和质量保证条件的考核情况； （四）委托方拟委托生产药品的批准证明文件复印件并附质量标准、生产工艺，包装、标签和使用说明书实样； （五）委托生产药品拟采用的包装、标签和使用说明书式样及色标； （六）委托生产合同； （七）受托方所在地省级药品检验所出具的连续三批产品检验报告书。委托生产生物制品的，其三批样品由受托方所在地省级药品检验所抽取、封存，由中国药品生物制品检定所负责检验并出具检验报告书； （八）受托方所在地省、自治区、直辖市（食品）药品监督管理部门组织对企业技术人员，厂房、设施、设备等生产条件和能力，以及质检机构、检测设备等质量保证体系考核的意见。 药品委托生产延期申请所需要的申请材料项目： （一）委托方和受托方的《药品生产许可证》、营业执照复印件； （二）受托方《药品生产质量管理规范》认证证书复印件； （三）前次批准的《药品委托生产批件》复印件； （四）前次委托生产期间，生产、质量情况的总结； （五）与前次《药品委托生产批件》发生变化的证明文件。

续表

2020年版	2017年版
	第四章 药品委托生产的管理 第三十六条 （食品）药品监督管理部门对药品委托生产申请进行审查时，应当参照执行本办法第二章第十条至第十二条的有关规定。 **第四章 药品委托生产的管理 第三十八条** 省、自治区、直辖市（食品）药品监督管理部门应当将药品委托生产的批准、备案情况报国家食品药品监督管理局。
第四十三条 药品上市许可持有人应当按照药品生产质量管理规范的要求对生产工艺变更进行管理和控制，并根据核准的生产工艺制定工艺规程。生产工艺变更应当开展研究，并依法取得批准、备案或者进行报告，接受药品监督管理部门的监督检查。	
第四十四条 药品上市许可持有人、药品生产企业应当每年对所生产的药品按照品种进行产品质量回顾分析、记录，以确认工艺稳定可靠，以及原料、辅料、成品现行质量标准的适用性。	

续表

2020年版	2017年版
第四十五条 药品上市许可持有人、药品生产企业的质量管理体系相关的组织机构、企业负责人、生产负责人、质量负责人、质量受权人发生变更的，应当自发生变更之日起三十日内，完成登记手续。 疫苗上市许可持有人应当自发生变更之日起十五日内，向所在地省、自治区、直辖市药品监督管理部门报告生产负责人、质量负责人、质量受权人等关键岗位人员的变更情况。	**第五章 监督检查 第四十六条** 药品生产企业质量负责人、生产负责人发生变更的，应当在变更后15日内将变更人员简历及学历证明等有关情况报所在地省、自治区、直辖市（食品）药品监督管理部门备案。 **第五章 监督检查 第四十七条** 药品生产企业的关键生产设施等条件与现状发生变化的，应当自发生变化30日内报所在地省、自治区、直辖市（食品）药品监督管理部门备案，省、自治区、直辖市（食品）药品监督管理部门根据需要进行检查。
第四十六条 列入国家实施停产报告的短缺药品清单的药品，药品上市许可持有人停止生产的，应当在计划停产实施六个月前向所在地省、自治区、直辖市药品监督管理部门报告；发生非预期停产的，在三日内报告所在地省、自治区、直辖市药品监督管理部门。必要时，向国家药品监督管理局报告。 药品监督管理部门接到报告后，应当及时通报同级短缺药品供应保障工作会商联动机制牵头单位。	
第四十七条 药品上市许可持有人为境外企业的，应当指定一家在中国境内的企业法人，履行《药品管理法》与本办法规定的药品上市许可持有人的义务，并负责协调配合境外检查工作。	

续表

2020年版	2017年版
第四十八条 药品上市许可持有人的生产场地在境外的，应当按照《药品管理法》与本办法规定组织生产，配合境外检查工作。	**第四章 药品委托生产的管理 第三十七条** 药品生产企业接受境外制药厂商的委托在中国境内加工药品的，应当在签署委托生产合同后30日内向所在地省、自治区、直辖市（食品）药品监督管理部门备案。所加工的药品不得以任何形式在中国境内销售、使用。

3.4 监督检查

表3-4 监督检查新旧对比

2020年版	2017年版
第四章 监督检查	**第五章 监督检查**
第四十九条 省、自治区、直辖市药品监督管理部门负责对本行政区域内药品上市许可持有人，制剂、化学原料药、中药饮片生产企业的监督管理。 省、自治区、直辖市药品监督管理部门应当对原料、辅料、直接接触药品的包装材料和容器等供应商、生产企业开展日常监督检查，必要时开展延伸检查。	**第五章 监督检查 第三十九条** 省、自治区、直辖市（食品）药品监督管理部门负责本行政区域内药品生产企业的监督检查工作，应当建立实施监督检查的运行机制和管理制度，明确设区的市级（食品）药品监督管理机构和县级（食品）药品监督管理机构的监督检查职责。 国家食品药品监督管理局可以直接对药品生产企业进行监督检查，并对省、自治区、直辖市（食品）药品监督管理部门的监督检查工作及其认证通过的生产企业《药品生产质量管理规范》的实施及认证情况进行监督和抽查。

续表

2020年版	2017年版
第五十条 药品上市许可持有人和受托生产企业不在同一省、自治区、直辖市的，由药品上市许可持有人所在地省、自治区、直辖市药品监督管理部门负责对药品上市许可持有人的监督管理，受托生产企业所在地省、自治区、直辖市药品监督管理部门负责对受托生产企业的监督管理。省、自治区、直辖市药品监督管理部门应当加强监督检查信息互相通报，及时将监督检查信息更新到药品安全信用档案中，可以根据通报情况和药品安全信用档案中监管信息更新情况开展调查，对药品上市许可持有人或者受托生产企业依法作出行政处理，必要时可以开展联合检查。	
第五十一条 药品监督管理部门应当建立健全职业化、专业化检查员制度，明确检查员的资格标准、检查职责、分级管理、能力培训、行为规范、绩效评价和退出程序等规定，提升检查员的专业素质和工作水平。检查员应当熟悉药品法律法规，具备药品专业知识。 药品监督管理部门应当根据监管事权、药品产业规模及检查任务等，配备充足的检查员队伍，保障检查工作需要。有疫苗等高风险药品生产企业的地区，还应当配备相应数量的具有疫苗等高风险药品检查技能和经验的药品检查员。	

续表

2020年版	2017年版
第五十二条 省、自治区、直辖市药品监督管理部门根据监管需要，对持有药品生产许可证的药品上市许可申请人及其受托生产企业，按以下要求进行上市前的药品生产质量管理规范符合性检查： （一）未通过与生产该药品的生产条件相适应的药品生产质量管理规范符合性检查的品种，应当进行上市前的药品生产质量管理规范符合性检查。其中，拟生产药品需要进行药品注册现场核查的，国家药品监督管理局药品审评中心通知核查中心，告知相关省、自治区、直辖市药品监督管理部门和申请人。核查中心协调相关省、自治区、直辖市药品监督管理部门，同步开展药品注册现场核查和上市前的药品生产质量管理规范符合性检查； （二）拟生产药品不需要进行药品注册现场核查的，国家药品监督管理局药品审评中心告知生产场地所在地省、自治区、直辖市药品监督管理部门和申请人，相关省、自治区、直辖市药品监督管理部门自行开展上市前的药品生产质量管理规范符合性检查； （三）已通过与生产该药品的生产条件相适应的药品生产质量管理规范符合性检查的品种，相关省、自治区、直辖市药品监督管理部门根据风险管理原则决定是否开展上市前的药品生产质量管理规范符合性检查。 开展上市前的药品生产质量管理规范符合性检查的，在检查结束后，应当将检查情况、检查结果等形成书面报告，作为对药品上市监管的重要依据。上市前的药品生产质量管理规范符合性检查涉及药品生产许可证事项变更的，由原发证的省、自治区、直辖市药品监督管理部门依变更程序作出决定。 通过相应上市前的药品生产质量管理规范符合性检查的商业规模批次，在取得药品注册证书后，符合产品放行要求的可以上市销售。药品上市许可持有人应当重点加强上述批次药品的生产销售、风险管理等措施。	

续表

2020年版	2017年版
第五十三条 药品生产监督检查的主要内容包括： （一）药品上市许可持有人、药品生产企业执行有关法律、法规及实施药品生产质量管理规范、药物警戒质量管理规范以及有关技术规范等情况； （二）药品生产活动是否与药品品种档案载明的相关内容一致； （三）疫苗储存、运输管理规范执行情况； （四）药品委托生产质量协议及委托协议； （五）风险管理计划实施情况； （六）变更管理情况。 监督检查包括许可检查、常规检查、有因检查和其他检查。	**第五章 监督检查 第四十条** 监督检查的主要内容是药品生产企业执行有关法律、法规及实施《药品生产质量管理规范》的情况，监督检查包括《药品生产许可证》换发的现场检查、《药品生产质量管理规范》跟踪检查、日常监督检查等。
第五十四条 省、自治区、直辖市药品监督管理部门应当坚持风险管理、全程管控原则，根据风险研判情况，制定年度检查计划并开展监督检查。年度检查计划至少包括检查范围、内容、方式、重点、要求、时限、承担检查的机构等。	

续表

2020年版	2017年版
第五十五条 省、自治区、直辖市药品监督管理部门应当根据药品品种、剂型、管制类别等特点，结合国家药品安全总体情况、药品安全风险警示信息、重大药品安全事件及其调查处理信息等，以及既往检查、检验、不良反应监测、投诉举报等情况确定检查频次： （一）对麻醉药品、第一类精神药品、药品类易制毒化学品生产企业每季度检查不少于一次； （二）对疫苗、血液制品、放射性药品、医疗用毒性药品、无菌药品等高风险药品生产企业，每年不少于一次药品生产质量管理规范符合性检查； （三）对上述产品之外的药品生产企业，每年抽取一定比例开展监督检查，但应当在三年内对本行政区域内企业全部进行检查； （四）对原料、辅料、直接接触药品的包装材料和容器等供应商、生产企业每年抽取一定比例开展监督检查，五年内对本行政区域内企业全部进行检查。 省、自治区、直辖市药品监督管理部门可以结合本行政区域内药品生产监管工作实际情况，调整检查频次。	

续表

2020年版	2017年版
第五十六条 国家药品监督管理局和省、自治区、直辖市药品监督管理部门组织监督检查时，应当制定检查方案，明确检查标准，如实记录现场检查情况，需要抽样检验或者研究的，按照有关规定执行。检查结论应当清晰明确，检查发现的问题应当以书面形式告知被检查单位。需要整改的，应当提出整改内容及整改期限，必要时对整改后情况实施检查。 在进行监督检查时，药品监督管理部门应当指派两名以上检查人员实施监督检查，检查人员应当向被检查单位出示执法证件。药品监督管理部门工作人员对知悉的商业秘密应当保密。	**第五章 监督检查 第四十一条** 各级（食品）药品监督管理部门组织监督检查时，应当制订检查方案，明确检查标准，如实记录现场检查情况，检查结果应当以书面形式告知被检查单位。需要整改的应当提出整改内容及整改期限，并实施跟踪检查。 在进行监督检查时，（食品）药品监督管理部门应当指派两名以上检查人员实施监督检查，检查人员应当向被检查单位出示执法证明文件。（食品）药品监督管理部门工作人员对知悉的企业技术秘密和业务秘密应当保密。

续表

2020年版	2017年版
第五十七条 监督检查时，药品上市许可持有人和药品生产企业应当根据检查需要说明情况、提供有关材料： （一）药品生产场地管理文件以及变更材料； （二）药品生产企业接受监督检查及整改落实情况； （三）药品质量不合格的处理情况； （四）药物警戒机构、人员、制度制定情况以及疑似药品不良反应监测、识别、评估、控制情况； （五）实施附条件批准的品种，开展上市后研究的材料； （六）需要审查的其他必要材料。	**第五章 监督检查 第四十二条** 监督检查时，药品生产企业应当提供有关情况和以下材料： （一）企业生产情况和质量管理情况自查报告； （二）《药品生产许可证》副本和营业执照复印件，《药品生产许可证》事项变动及审批情况； （三）企业组织机构、生产和质量主要管理人员以及生产、检验条件的变动及审批情况； （四）药品生产企业接受监督检查及整改落实情况； （五）不合格药品被质量公报通告后的整改情况； （六）检查机关需要审查的其他必要材料。 监督检查完成后，（食品）药品监督管理部门在《药品生产许可证》副本上载明检查情况。主要记载以下内容： （一）检查结论； （二）生产的药品是否发生重大质量事故，是否有不合格药品受到药品质量公报通告； （三）药品生产企业是否有违法生产行为，及其查处情况。
第五十八条 现场检查结束后，应当对现场检查情况进行分析汇总，并客观、公平、公正地对检查中发现的缺陷进行风险评定并作出现场检查结论。 派出单位负责对现场检查结论进行综合研判。	

续表

2020年版	2017年版
第五十九条 国家药品监督管理局和省、自治区、直辖市药品监督管理部门通过监督检查发现药品生产管理或者疫苗储存、运输管理存在缺陷，有证据证明可能存在安全隐患的，应当依法采取相应措施： （一）基本符合药品生产质量管理规范要求，需要整改的，应当发出告诫信并依据风险相应采取告诫、约谈、限期整改等措施； （二）药品存在质量问题或者其他安全隐患的，药品监督管理部门根据监督检查情况，应当发出告诫信，并依据风险相应采取暂停生产、销售、使用、进口等控制措施。 药品存在质量问题或者其他安全隐患的，药品上市许可持有人应当依法召回药品而未召回的，省、自治区、直辖市药品监督管理部门应当责令其召回。 风险消除后，采取控制措施的药品监督管理部门应当解除控制措施。	
第六十条 开展药品生产监督检查过程中，发现存在药品质量安全风险的，应当及时向派出单位报告。药品监督管理部门经研判属于重大药品质量安全风险的，应当及时向上一级药品监督管理部门和同级地方人民政府报告。	

续表

2020年版	2017年版
第六十一条 开展药品生产监督检查过程中，发现存在涉嫌违反药品法律、法规、规章的行为，应当及时采取现场控制措施，按照规定做好证据收集工作。药品监督管理部门应当按照职责和权限依法查处，涉嫌犯罪的移送公安机关处理。	
第六十二条 省、自治区、直辖市药品监督管理部门应当依法将本行政区域内药品上市许可持有人和药品生产企业的监管信息归入到药品安全信用档案管理，并保持相关数据的动态更新。监管信息包括药品生产许可、日常监督检查结果、违法行为查处、药品质量抽查检验、不良行为记录和投诉举报等内容。	**第五章 监督检查 第四十三条** 县级以上地方（食品）药品监督管理部门应当在法律、法规、规章赋予的权限内，建立本行政区域内药品生产企业的监管档案。监管档案包括药品生产许可、生产监督检查、产品质量监督抽查、不良行为记录和投诉举报等内容。
第六十三条 国家药品监督管理局和省、自治区、直辖市药品监督管理部门在生产监督管理工作中，不得妨碍药品上市许可持有人、药品生产企业的正常生产活动，不得索取或者收受财物，不得谋取其他利益。	**第五章 监督检查 第四十四条**（食品）药品监督管理部门实施监督检查，不得妨碍药品生产企业的正常生产活动，不得索取或者收受药品生产企业的财物，不得谋取其他利益。
第六十四条 个人和组织发现药品上市许可持有人或者药品生产企业进行违法生产活动的，有权向药品监督管理部门举报，药品监督管理部门应当按照有关规定及时核实、处理。	**第五章 监督检查 第四十五条** 个人和组织发现药品生产企业进行违法生产的活动，有权向（食品）药品监督管理部门举报，（食品）药品监督管理部门应当及时核实、处理。

续表

2020年版	2017年版
第六十五条 发生与药品质量有关的重大安全事件，药品上市许可持有人应当立即对有关药品及其原料、辅料以及直接接触药品的包装材料和容器、相关生产线等采取封存等控制措施，并立即报告所在地省、自治区、直辖市药品监督管理部门和有关部门，省、自治区、直辖市药品监督管理部门应当在二十四小时内报告省级人民政府，同时报告国家药品监督管理局。	**第五章 监督检查 第四十八条** 药品生产企业发生重大药品质量事故的，必须立即报告所在地省、自治区、直辖市（食品）药品监督管理部门和有关部门，省、自治区、直辖市（食品）药品监督管理部门应当在24小时内报告国家食品药品监督管理局。 **第五章 监督检查 第四十九条** 有《中华人民共和国行政许可法》（以下简称《行政许可法》）第七十条情形之一的，原发证机关应当依法注销《药品生产许可证》，并自注销之日起5个工作日内通知有关工商行政管理部门，同时向社会公布。
第六十六条 省、自治区、直辖市药品监督管理部门对有不良信用记录的药品上市许可持有人、药品生产企业，应当增加监督检查频次，并可以按照国家规定实施联合惩戒。	

续表

2020年版	2017年版
第六十七条 省、自治区、直辖市药品监督管理部门未及时发现生产环节药品安全系统性风险，未及时消除监督管理区域内药品安全隐患的，或者省级人民政府未履行药品安全职责，未及时消除区域性重大药品安全隐患的，国家药品监督管理局应当对其主要负责人进行约谈。 被约谈的省、自治区、直辖市药品监督管理部门和地方人民政府应当立即采取措施，对药品监督管理工作进行整改。 约谈情况和整改情况应当纳入省、自治区、直辖市药品监督管理部门和地方人民政府药品监督管理工作评议、考核记录。	

3.5 法律责任

表3-5 法律责任新旧对比

2020年版	2017年版
第五章 法律责任	**第六章 法律责任**
第六十八条 有下列情形之一的，按照《药品管理法》第一百一十五条给予处罚： （一）药品上市许可持有人和药品生产企业变更生产地址、生产范围应当经批准而未经批准的； （二）药品生产许可证超过有效期限仍进行生产的。	**第六章 法律责任 第五十条** 有《行政许可法》第六十九条情形之一的，国家食品药品监督管理局或者省、自治区、直辖市（食品）药品监督管理部门根据利害关系人的请求或者依据职权，可以撤销《药品生产许可证》。 **第六章 法律责任 第五十二条** 未取得《药品生产许可证》生产药品的，依照《药品管理法》第七十三条的规定给予处罚。

续表

2020年版	2017年版
	第六章　法律责任　第五十三条　未经批准擅自委托或者接受委托生产药品的，对委托方和受托方均依照《药品管理法》第七十四条的规定给予处罚。 第六章　法律责任　第五十五条　经监督检查（包括跟踪检查、监督抽查），认定药品生产企业达不到《药品生产质量管理规范》评定标准的，原认证机关应当根据检查结果作出收回其《药品生产质量管理规范》认证证书的处理决定。
第六十九条　药品上市许可持有人和药品生产企业未按照药品生产质量管理规范的要求生产，有下列情形之一，属于《药品管理法》第一百二十六条规定的情节严重情形的，依法予以处罚： （一）未配备专门质量负责人独立负责药品质量管理、监督质量管理规范执行； （二）药品上市许可持有人未配备专门质量受权人履行药品上市放行责任； （三）药品生产企业未配备专门质量受权人履行药品出厂放行责任； （四）质量管理体系不能正常运行，药品生产过程控制、质量控制的记录和数据不真实； （五）对已识别的风险未及时采取有效的风险控制措施，无法保证产品质量； （六）其他严重违反药品生产质量管理规范的情形。	第六章　法律责任　第五十四条　药品生产企业有下列情形之一的，（食品）药品监督管理部门依照《药品管理法》第七十九条的规定给予处罚： （一）药品生产企业未按照规定实施《药品生产质量管理规范》的； （二）开办药品生产企业、药品生产企业新建药品生产车间、新增生产剂型，在《药品管理法实施条例》第六条规定的时间内未通过《药品生产质量管理规范》认证，仍进行生产的。

续表

2020年版	2017年版
第七十条 辅料、直接接触药品的包装材料和容器的生产企业及供应商未遵守国家药品监督管理局制定的质量管理规范等相关要求，不能确保质量保证体系持续合规的，由所在地省、自治区、直辖市药品监督管理部门按照《药品管理法》第一百二十六条的规定给予处罚。	
第七十一条 药品上市许可持有人和药品生产企业有下列情形之一的，由所在地省、自治区、直辖市药品监督管理部门处一万元以上三万元以下的罚款： （一）企业名称、住所（经营场所）、法定代表人未按规定办理登记事项变更； （二）未按照规定每年对直接接触药品的工作人员进行健康检查并建立健康档案； （三）未按照规定对列入国家实施停产报告的短缺药品清单的药品进行停产报告。	**第六章 法律责任 第五十六条** 药品生产企业有下列情形之一的，由所在地省、自治区、直辖市（食品）药品监督管理部门给予警告，责令限期改正；逾期不改正的，可以处5000元以上1万元以下的罚款： （一）未按照规定办理《药品生产许可证》登记事项变更的； （二）接受境外制药厂商委托在中国境内加工药品，未按照规定进行备案的； （三）企业质量负责人、生产负责人发生变更，未按照规定报告的； （四）企业的关键生产设施等条件与现状发生变化，未按照规定进行备案的； （五）发生重大药品质量事故未按照规定报告的； （六）监督检查时，隐瞒有关情况、提供虚假材料或者拒不提供相关材料的。

续表

2020年版	2017年版
第七十二条　药品监督管理部门有下列行为之一的，对直接负责的主管人员和其他直接责任人员按照《药品管理法》第一百四十九条的规定给予处罚： （一）瞒报、谎报、缓报、漏报药品安全事件； （二）对发现的药品安全违法行为未及时查处； （三）未及时发现药品安全系统性风险，或者未及时消除监督管理区域内药品安全隐患，造成严重影响； （四）其他不履行药品监督管理职责，造成严重不良影响或者重大损失。	第六章　法律责任　第五十七条（食品）药品监督管理部门违反规定，对不符合《药品生产质量管理规范》的发给《药品生产质量管理规范》认证证书或者对取得认证证书的企业未按照规定履行跟踪检查的职责，对不符合认证条件的企业未依法责令其改正，对不符合法定条件的单位发给《药品生产许可证》的，按照《药品管理法》第九十四条的规定处理。 第六章　法律责任　第五十八条　在实施本办法规定的行政许可中违反相关法律、法规的，按照有关法律、法规处理。

3.6　附则

表3-6　附则新旧对比

2020年版	2017年版
第六章　附则	第七章　附则
第七十三条　本办法规定的期限以工作日计算。药品生产许可中技术审查和评定、现场检查、企业整改等所需时间不计入期限。	
第七十四条　场地管理文件，是指由药品生产企业编写的药品生产活动概述性文件，是药品生产企业质量管理文件体系的一部分。场地管理文件有关要求另行制定。 经批准或者关联审评审批的原料药、辅料和直接接触药品的包装材料和容器生产场地、境外生产场地一并赋予统一编码。	

续表

2020年版	2017年版
第七十五条 告诫信，是指药品监督管理部门在药品监督管理活动中，对有证据证明可能存在安全隐患的，依法发出的信函。告诫信应当载明存在缺陷、问题和整改要求。	
第七十六条 药品生产许可证编号格式为“省份简称+四位年号+四位顺序号”。企业变更名称等许可证项目以及重新发证，原药品生产许可证编号不变。 企业分立，在保留原药品生产许可证编号的同时，增加新的编号。企业合并，原药品生产许可证编号保留一个。	
第七十七条 分类码是对许可证内生产范围进行统计归类的英文字母串。大写字母用于归类药品上市许可持有人和产品类型，包括：A代表自行生产的药品上市许可持有人、B代表委托生产的药品上市许可持有人、C代表接受委托的药品生产企业、D代表原料药生产企业；小写字母用于区分制剂属性，h代表化学药、z代表中成药、s代表生物制品、d代表按药品管理的体外诊断试剂、y代表中药饮片、q代表医用气体、t代表特殊药品、x代表其他。	
第七十八条 药品生产许可证的生产范围应当按照《中华人民共和国药典》制剂通则及其他的国家药品标准等要求填写。	
第七十九条 国家有关法律、法规对生产疫苗、血液制品、麻醉药品、精神药品、医疗用毒性药品、放射性药品、药品类易制毒化学品等另有规定的，依照其规定。	

续表

2020年版	2017年版
第八十条 出口的疫苗应当符合进口国（地区）的标准或者合同要求。	
第八十一条 本办法自2020年7月1日起施行。2004年8月5日原国家食品药品监督管理局令第14号公布的《药品生产监督管理办法》同时废止。	**第七章 附则 第六十条** 本办法自公布之日起施行。国家药品监督管理局于2002年12月11日发布的《药品生产监督管理办法》（试行）同时废止。

第四章 《药品生产监督管理办法》重点内容解析

4.1 药品监管部门生产监管事权划分

2020年发布《药品生产监督管理办法》(以下简称2020版)第五条中对药品监管部门(国家药品监督管理局、省、自治区、直辖市药品监督管理部门、国家药品监督管理局食品药品审核查验中心、国家药品监督管理局信息中心、专业技术机构等)的监管事权进行了明确的划分:

国家药品监督管理局主管全国药品生产监督管理工作,对省、自治区、直辖市药品监督管理部门的药品生产监督管理工作进行监督和指导。

省、自治区、直辖市药品监督管理部门负责本行政区域内的药品生产监督管理,承担药品生产环节的许可、检查和处罚等工作。

国家药品监督管理局食品药品审核查验中心组织制定药品检查技术规范和文件,承担境外检查以及组织疫苗巡查等,分析评估检查发现风险、作出检查结论并提出处置建议,负责各省、自治区、直辖市药品检查机构质量管理体系的指导和评估。

国家药品监督管理局信息中心负责药品追溯协同服务平

台、药品安全信用档案建设和管理，对药品生产场地进行统一编码。

药品监督管理部门依法设置或者指定的药品审评、检验、核查、监测与评价等专业技术机构，依职责承担相关技术工作并出具技术结论，为药品生产监督管理提供技术支撑。

另外，2020版《药品生产监督管理办法》第四十九条、五十条还明确落实属地监管责任。省级药品监管部门负责对本行政区域内的药品上市许可持有人和药品生产企业的监督管理，对药品上市许可持有人和受托生产企业不在同一省的，两个省、自治区、直辖市药品监督管理部门分别监管，加强监督检查信息互相通报，及时将监督检查信息更新到药品安全信用档案中，可以根据通报情况和药品安全信用档案中监管信息更新情况开展调查，对药品上市许可持有人或者受托生产企业依法作出行政处理，必要时可以开展联合检查。

4.2 药品生产许可证办理

2020版《药品生产监督管理办法》第三条和第七条规定，从事药品生产活动或委托他人生产制剂的药品上市许可持有人，应当经所在地省、自治区、直辖市药品监督管理部门批准，依法取得药品生产许可证。由此可见，药品生产企业和药品上市许可持有人均应办理药品生产许可证。

《药品生产监督管理办法》对办理生产许可证的机构及条件进行了明确，还进一步细化了相关工作程序和要求，对申请发证、到期重新审查、变更、注销、吊销等要求都进行了统一规定。

4.2.1 办理生产许可证的机构

《药品生产监督管理办法》中明确规定生产企业或药品上市许可持有人在所在地省、自治区、直辖市药品监督管理部门办理药品生产许可证。

4.2.2 取得生产许可证的条件

《药品生产监督管理办法》第六条和第七条明确了药品生产企业取得药品生产许可证的条件，主要包括以下5个方面：机构人员、设施设备、质量管理、检验仪器设备、质量保证规章制度。其中，委托生产的上市许可持有人办理生产许可证的条件略有差异，另外，还对疫苗生产企业进行了特殊规定。

➢ 药品生产企业从事药品生产，应当符合以下条件：

· 有依法经过资格认定的药学技术人员、工程技术人员及相应的技术工人，法定代表人、企业负责人、生产管理负责人、质量管理负责人、质量受权人及其他相关人员符合《药品管理法》《疫苗管理法》规定的条件；

· 有与药品生产相适应的厂房、设施、设备和卫生环境；

· 有能对所生产药品进行质量管理和质量检验的机构、人员；

· 有能对所生产药品进行质量管理和质量检验的必要的仪器设备；

· 有保证药品质量的规章制度，并符合药品生产质量管理规范要求。

➢ 疫苗生产活动，除上述5个条件外，还应当具备下列条件：

·具备适度规模和足够的产能储备；

·具有保证生物安全的制度和设施、设备；

·符合疾病预防、控制需要。

➢ 委托他人生产制剂的药品上市许可持有人需要满足的条件：

·有依法经过资格认定的药学技术人员、工程技术人员及相应的技术工人，法定代表人、企业负责人、生产管理负责人、质量管理负责人、质量受权人及其他相关人员符合《药品管理法》《疫苗管理法》规定的条件；

·有能对所生产药品进行质量管理和质量检验的机构、人员；

·有保证药品质量的规章制度，并符合药品生产质量管理规范要求；

·与符合条件的药品生产企业签订委托协议和质量协议，将相关协议和实际生产场地。

4.2.3 办理生产许可证的程序

➢ 提交资料

申请人按照2020年第47号公告（国家药监局关于实施新修订《药品生产监督管理办法》有关事项的公告）中关于办理生产许可证的申请材料清单，以及省、自治区、直辖市药品监督管理部门公示的申请药品生产许可证所需要的条件、程序、期限、需要提交的全部材料的目录和申请书示范文本等准备申请资料，提交到省、自治区、直辖市药品监督管理部门。

➢ 形式审查和受理

省、自治区、直辖市药品监管部门对申请材料进行形式审查。申请材料不齐全或者不符合形式审查要求的，应当当场或者在五日内发给申请人补正材料通知书，一次性告知申请人需要补正的全部内容，逾期不告知的，自收到申请材料之日起即为受理；申请材料齐全、符合形式审查要求，或者申请人按照要求提交全部补正材料的，予以受理。省、自治区、直辖市药品监督管理部门受理或者不予受理药品生产许可证申请的，应当出具加盖本部门专用印章和注明日期的受理通知书或者不予受理通知书。

➢ 评定及发证

省、自治区、直辖市药品监督管理部门按照药品生产质量管理规范等有关规定组织开展申报资料技术审查和评定、现场检查。应当自受理之日起三十日内做出决定。经审查符合规定的，予以批准，并自书面批准决定做出之日起十日内颁发药品生产许可证；不符合规定的，做出不予批准的书面决定，并说明理由。

➢ 其他说明

《药品生产监督管理办法》第十至十二条中，对办理生产许可证过程中信息的公开和保密，及申请办理药品生产许可证直接涉及申请人与他人之间重大利益关系的情况作了一些规定：

省、自治区、直辖市药品监督管理部门颁发药品生产许可证的有关信息，应当予以公开，公众有权查阅。在对药品生产企业的申请进行审查时，省、自治区、直辖市药品监督管理部门认为涉及公共利益的，应当向社会公告，并举行听证。

对申请办理药品生产许可证进行审查时，应当公开审批结果，并提供条件便利申请人查询审批进程。未经申请人同意，药品监督管理部门、专业技术机构及其工作人员不得披露申请人提交的商业秘密、未披露信息或者保密商务信息，法律另有规定或者涉及国家安全、重大社会公共利益的除外。

申请办理药品生产许可证直接涉及申请人与他人之间重大利益关系的，申请人、利害关系人依照法律、法规规定享有申请听证的权利。

4.3　药品生产许可证的变更、换证、注销、补办

《药品生产监督管理办法》中明确了药品生产许可证的变更、换证、注销、补办的要求、程序和时限。规定任何单位或者个人不得伪造、变造、出租、出借、买卖药品生产许可证。此外，省、自治区、直辖市药品监督管理部门应当将药品生产许可证核发、换证、变更、补发、吊销、撤销、注销等办理情况，在办理工作完成后十日内在药品安全信用档案中更新。

4.3.1　药品生产许可证的变更

➢ 变更药品生产许可证许可事项

向原发证机关提出药品生产许可证变更申请，未经批准，不得擅自变更许可事项。原发证机关应当自收到企业变更申请之日起十五日内做出是否准予变更的决定。不予变更的，应当书面说明理由，并告知申请人享有依法申请行政复议或者提起

行政诉讼的权利。

变更生产地址或者生产范围，药品生产企业应当按照《药品生产监督管理办法》第六条的规定及相关变更技术要求，提交涉及变更内容的有关材料，并报经所在地省、自治区、直辖市药品监督管理部门审查决定。

原址或者异地新建、改建、扩建车间或者生产线的，应当符合相关规定和技术要求，提交涉及变更内容的有关材料，并报经所在地省、自治区、直辖市药品监督管理部门进行药品生产质量管理规范符合性检查，检查结果应当通知企业。检查结果符合规定，产品符合放行要求的可以上市销售。有关变更情况，应当在药品生产许可证副本中载明。《药品生产监督管理办法》第十六条规定变更事项涉及药品注册证书及其附件载明内容的，由省、自治区、直辖市药品监督管理部门批准后，报国家药品监督管理局药品审评中心更新药品注册证书及其附件相关内容。即先变更生产许可证，再变更药品注册证书及其附件。

4.3.2 变更药品生产许可证登记事项

应当在市场监督管理部门核准变更或者企业完成变更后三十日内，向原发证机关申请药品生产许可证变更登记。原发证机关应当自收到企业变更申请之日起十日内办理变更手续。

药品生产许可证变更后，原发证机关应当在药品生产许可证副本上记录变更的内容和时间，并按照变更后的内容重新核发药品生产许可证正本，收回原药品生产许可证正本，变更后的药品生产许可证终止期限不变。

4.3.3 药品生产许可证换证——有效期届满申请重新发放

《药品生产监督管理办法》第十九条对药品生产许可证有效期届满申请重新发证的情形做了明确说明。药品生产许可证有效期届满，需要继续生产药品的，应当在有效期届满前六个月，向原发证机关申请重新发放药品生产许可证。

原发证机关结合企业遵守药品管理法律法规、药品生产质量管理规范和质量体系运行情况，根据风险管理原则进行审查，在药品生产许可证有效期届满前做出是否准予其重新发证的决定。符合规定准予重新发证的，收回原证，重新发证；不符合规定的，做出不予重新发证的书面决定，并说明理由，同时告知申请人享有依法申请行政复议或者提起行政诉讼的权利；逾期未做出决定的，视为同意重新发证，并予补办相应手续。

4.3.4 药品生产许可证的注销

《药品生产监督管理办法》第二十条规定药品生产许可证的注销应由原发证机关注销，并予以公告，并明确了药品生产许可证注销的5种情形：

· 主动申请注销药品生产许可证的；

· 药品生产许可证有效期届满未重新发证的；

· 营业执照依法被吊销或者注销的；

· 药品生产许可证依法被吊销或者撤销的；

· 法律、法规规定应当注销行政许可的其他情形。

4.3.5 药品生产许可证的补办

药品生产许可证遗失的，药品上市许可持有人、药品生产企业应当向原发证机关申请补发，原发证机关按照原核准事项在十日内补发药品生产许可证。许可证编号、有效期等与原许可证一致。

4.4 药品生产许可证载明信息

《药品生产监督管理办法》第十三至十五条中对药品生产许可证有效期和载明信息作了明确。

药品生产许可证有效期为五年，分为正本和副本。药品生产许可证样式由国家药品监督管理局统一制定。药品生产许可证电子证书与纸质证书具有同等法律效力。

药品生产许可证载明事项分为许可事项和登记事项。其中，许可事项是指生产地址和生产范围等。登记事项是指企业名称、住所（经营场所）、法定代表人、企业负责人、生产负责人、质量负责人、质量受权人等。药品生产许可证应当载明许可证编号、分类码、企业名称、统一社会信用代码、住所（经营场所）、法定代表人、企业负责人、生产负责人、质量负责人、质量受权人、生产地址和生产范围、发证机关、发证日期、有效期限等项目。企业名称、统一社会信用代码、住所（经营场所）、法定代表人等项目应当与市场监督管理部门核发的营业执照中载明的相关内容一致。

在《药品生产监督管理办法》附则第七十六条和第七十七条分别描述了药品生产许可证编号原则及分类码字母所代表的意义。药品生产许可证编号格式为“省份简称+四位年号+四位顺序号”。企业变更名称等许可证项目以及重新发证，原药品生产许可证编号不变。企业分立，在保留原药品生产许可证编号的同时，增加新的编号。企业合并，原药品生产许可证编号保留一个。分类码是对许可证内生产范围进行统计归类的英文字母串。大写字母用于归类药品上市许可持有人和产品类型，包括：A代表自行生产的药品上市许可持有人、B代表委托生产的药品上市许可持有人、C代表接受委托的药品生产企业、D代表原料药生产企业；小写字母用于区分制剂属性，h代表化学药、z代表中成药、s代表生物制品、d代表按药品管理的体外诊断试剂、y代表中药饮片、q代表医用气体、t代表特殊药品、x代表其他。

4.5 原料药、辅料、直接接触药品的包装材料和容器的监管

在《药品生产监督管理办法》第三条、第三十二条中，对于原料药，要求符合药品生产质量管理规范，对于辅料，也要求符合药用要求以及相应的生产质量管理规范的有关要求，对于直接接触药品的包装材料和容器，应当符合药用要求，由此可以看出药品监管部门对原料药、辅料、直接接触药品的包装材料和容器监管的不同，原料药的监管在一定程度上要严于辅料和直接接触药品的包装材料和容器的监管。从事原料药的生产活动，要取得药品生产许可证，此外也明确规定，经单独审评审批或者通过关联审评的原料药应当自行生产，不得再行委托他人生产。

关于原料药、辅料、直接接触药品的包装材料和容器的监

管，《药品生产监督管理办法》对药品上市许可人或制剂生产企业也提出了新的要求。制剂生产企业要对使用的原料药、辅料、直接接触药品的包装材料和容器等相关物料供应商或者生产企业进行审核，保证购进、使用符合法规要求。经单独审评审批或者通过关联审评的原料药、辅料、直接接触药品的包装材料和容器的生产企业，应当遵守国家药品监督管理局制定的质量管理规范以及关联审评审批有关要求，确保质量保证体系持续合规，接受药品上市许可持有人的质量审核，接受药品监督管理部门的监督检查或者延伸检查。药品上市许可持有人、药品生产企业应当每年对所生产的药品按照品种进行产品质量回顾分析、记录，以确认工艺稳定可靠，以及原料、辅料、成品现行质量标准的适用性。发生与药品质量有关的重大安全事件，药品上市许可持有人应当立即对有关药品及其原料、辅料以及直接接触药品的包装材料和容器采取封存等控制措施，并立即报告所在地省、自治区、直辖市药品监督管理部门和有关部门。

在《药品生产监督管理办法》第四十九条中，明确了省、自治区、直辖市药品监督管理部门应当对原料药、辅料、直接接触药品的包装材料和容器等供应商、生产企业开展日常监督检查，必要时开展延伸检查。并明确了对原料药、辅料、直接接触药品的包装材料和容器等生产企业的监督检查频次，即每年抽取一定比例开展监督检查，五年内实现全覆盖。同时为了加强监管，对单独审评审批或者通过关联审评的原料药、辅料和直接接触药品的包装材料和容器生产场地赋予统一编码。

4.6　药品生产监督检查

2020版《药品生产监督管理办法》中第五十三条至第六十条对药品生产监督检查的主要内容、检查计划制定、检查频次及风险控制措施做出了明确的规定，列明了药品生产监督检查时药品上市许可持有人和药品生产企业应提供的资料清单，同时也明确了药品生产监督检查过程及结束后风险应对措施。

4.6.1　药品生产监督检查的主要内容

· 药品上市许可持有人、药品生产企业执行有关法律、法规及实施药品生产质量管理规范、药物警戒质量管理规范以及有关技术规范等情况；

· 药品生产活动是否与药品品种档案载明的相关内容一致；

· 疫苗储存、运输管理规范执行情况；

· 药品委托生产质量协议及委托协议；

· 风险管理计划实施情况；

· 变更管理情况。

监督检查时，药品上市许可持有人和药品生产企业应当根据检查需要说明情况、提供有关材料：

· 药品生产场地管理文件以及变更材料；

· 药品生产企业接受监督检查及整改落实情况；

· 药品质量不合格的处理情况；

· 药物警戒机构、人员、制度制定情况以及疑似药品不良反应监测、识别、评估、控制情况；

· 实施附条件批准的品种，开展上市后研究的材料；

·需要审查的其他必要材料。

4.6.2 检查频次

省、自治区、直辖市药品监督管理部门应当根据药品品种特点，结合国家药品安全总体情况、药品安全风险警示信息、重大药品安全事件及其调查处理信息等，以及既往检查、检验、不良反应监测、投诉举报等情况确定检查频次，并可根据本行政区域内药品生产监管工作实际情况，调整检查频次。

·对麻醉药品、第一类精神药品、药品类易制毒化学品生产企业每季度检查不少于一次；

·对疫苗、血液制品、放射性药品、医疗用毒性药品、无菌药品等高风险药品生产企业，每年不少于一次药品生产质量管理规范符合性检查；

·对上述产品之外的药品生产企业，每年抽取一定比例开展监督检查，但应当在三年内对本行政区域内企业全部进行检查；

·对原料药、辅料、直接接触药品的包装材料和容器等供应商、生产企业每年抽取一定比例开展监督检查，五年内对本行政区域内企业全部进行检查。

4.6.3 药品生产监督检查过程及结束后风险应对措施

药品生产监督检查包括许可检查、常规检查、有因检查和其他检查。药品监督管理部门基于风险，制定年度检查计划并开展监督检查。在组织监督检查前，应当制定检查方案，明确检查标准；

实施检查时，应有如实记录现场检查情况，需要抽样检验或者研究的，按照有关规定执行。开展药品生产监督检查过程中，发现存在药品质量安全风险的，应当及时向派出单位报告。药品监督管理部门经研判属于重大药品质量安全风险的，应当及时向上一级药品监督管理部门和同级地方人民政府报告。发现存在涉嫌违反药品法律、法规、规章的行为，应当及时采取现场控制措施，按照规定做好证据收集工作。药品监督管理部门应当按照职责和权限依法查处，涉嫌犯罪的移送公安机关处理。

检查结束后，应有清晰明确的检查结论，检查发现的问题应当以书面形式告知被检查单位。需要整改的，应当提出整改内容及整改期限，必要时对整改后情况实施检查。药品监督管理部门工作人员对知悉的商业秘密应当保密。在现场检查结束后，应当对现场检查情况进行分析汇总，并客观、公平、公正地对检查中发现的缺陷进行风险评定并作出现场检查结论。派出单位负责对现场检查结论进行综合研判。国家药品监督管理局和省、自治区、直辖市药品监督管理部门通过监督检查发现药品生产管理或者疫苗储存、运输管理存在缺陷，有证据证明可能存在安全隐患的，应当依法采取相应措施：

（1）基本符合药品生产质量管理规范要求，需要整改的，应当发出告诫信并依据风险相应采取告诫、约谈、限期整改等措施；

（2）药品存在质量问题或者其他安全隐患的，药品监督管理部门根据监督检查情况，应当发出告诫信，并依据风险相应采取暂停生产、销售、使用、进口等控制措施；

（3）药品存在质量问题或者其他安全隐患的，药品上市许可持有人应当依法召回药品而未召回的，省、自治区、直辖市药品监督管理部门应当责令其召回；

（4）风险消除后，采取控制措施的药品监督管理部门应当解除控制措施。

4.7 药品生产质量管理规范符合性检查

目前已经取消了原料药和制剂的药品生产质量管理规范证书的认证，即不再发放药品GMP证书。这并不意味着对于药品生产质量管理规范要求的放松，而是由原来一次性的认证变为企业在生产活动中持续地符合GMP的要求。国家药品监督管理局和省、自治区、直辖市药品监督管理部门会加强生产活动中的飞行检查以保证GMP的持续符合。这点从《药品生产监督管理办法》第二十四条也可以看出：从事药品生产活动，应当遵守药品生产质量管理规范，按照国家药品标准、经药品监督管理部门核准的药品注册标准和生产工艺进行生产，按照规定提交并持续更新场地管理文件，对质量体系运行过程进行风险评估和持续改进，保证药品生产全过程持续符合法定要求。生产、检验等记录应当完整准确，不得编造和篡改。

《药品生产监督管理办法》中明确省、自治区、直辖市药品监督管理部门根据监管需要，可以对持有药品生产许可证的药品上市许可持有人及其受托生产企业进行上市前的药品生产质量管理规范符合性检查。根据拟生产药品是否通过与生产该药品的生产条件相适应的GMP检查及是否需要注册现场检查，主要分为以下三种情况：

（1）未通过与生产该药品的生产条件相适应的药品生产质量管理规范符合性检查的品种，应当进行上市前的药品生产质量管理规范符合性检查。如果在药品审评过程中决定需要进行药品注册现场核查，由药品审评中心通知核查中心，并告知相关省、自治区、直辖市药品监督管理部门和申请人。核查中心协调相关省、自治区、直辖市药品监督管理部门，同步开展药品注册现场核查和上市前的药品生产质量管理规范符合性检查；

（2）拟生产药品不需要进行药品注册现场核查的，药品审评中心告知生产场地所在地省、自治区、直辖市药品监督管理部门和申请人，由省级药品监督管理部门自行开展上市前的药品生产质量管理规范符合性检查；

（3）已通过与生产该药品的生产条件相适应的药品生产质量管理规范符合性检查的品种，省级药品监督管理部门根据风险管理原则决定是否开展上市前的药品生产质量管理规范符合性检查。

开展上市前的药品生产质量管理规范符合性检查的，在检查结束后，应当将检查情况、检查结果等形成书面报告，作为对药品上市监管的重要依据。上市前的药品生产质量管理规范符合性检查涉及药品生产许可证事项变更的，由原发证的省、自治区、直辖市药品监督管理部门依变更程序作出决定。

此外，在2020版《药品生产监督管理办法》中明确在上市前GMP检查的样品满足一定条件可以上市销售。通过相应上市前的药品生产质量管理规范符合性检查的商业规模批次，在取得药品注册证书后，符合产品放行要求的可以上市销售。药品上市许可持有人应当重点加强上述批次药品的生产销售、风险管理等措施。

4.8 上市许可持有人对药品的管理

药品上市许可持有人在药品的全生命周期内都负有管理责任。2020版《药品生产监督管理办法》中对药品上市许可持有人在药品质量保证体系建设及其在药品上市流通全过程的职责作了明确的规定。

4.8.1 药品质量保证体系

要求药品上市许可持有人建立药品质量保证体系，配备专门人员独立负责药品质量管理，对受托药品生产企业、药品经营企业的质量管理体系进行定期审核，监督其持续具备质量保证和控制能力。药品上市许可持有人、药品生产企业还应当每年进行自检，监控药品生产质量管理规范的实施情况，评估企业是否符合相关法规要求，并提出必要的纠正和预防措施。《药品生产监督管理办法》首次提及年度报告制度的要求，药品上市许可持有人应当建立年度报告制度，按照国家药品监督管理局规定每年向省、自治区、直辖市药品监督管理部门报告药品生产工艺变更、生产销售、不良反应监测、上市后研究、风险管理等情况。疫苗上市许可持有人应当按照规定向国家药品监督管理局进行年度报告。

此外，在《药品生产监督管理办法》第三十二条要求上市许可持有人应当对使用的原料药、辅料、直接接触药品的包装材料和容器等相关物料供应商或者生产企业进行审核，保证购进、使用符合法规要求。所购的原料药、辅料、包材应符合相关质量管理规范，满足药用要求，以保证患者安全。

《药品生产监督管理办法》第三十四条至第三十六条对药品生产企业或药品上市许可持有人一些特定活动作了明确要求。第三十四条要求药品生产企业应当确定需进行的确认与验证，按照确认与验证计划实施。定期对设施、设备、生产工艺及清洁方法进行评估，确认其持续保持验证状态。第三十五条要求药品生产企业应取防止污染、交叉污染、混淆和差错的控制措施，定期检查评估控制措施的适用性和有效性，以确保药品达到规定的国家药品标准和药品注册标准，并符合药品生产质量管理规范要求。药品上市许可持有人和药品生产企业不得在药品生产厂房生产对药品质量有不利影响的其他产品。第三十六条要求药品包装操作应当采取降低混淆和差错风险的措施，药品包装应当确保有效期内的药品储存运输过程中不受污染。药品说明书和标签中的表述应当科学、规范、准确，文字应当清晰易辨，不得以粘贴、剪切、涂改等方式进行修改或者补充。

4.8.2　药品生产阶段

药品上市许可持有人的法定代表人、主要负责人对药品质量和药品生产活动全面负责，并明确了其应承担的职责。第三十一条要求药品上市许可持有人、药品生产企业在药品生产中，应当开展风险评估、控制、验证、沟通、审核等质量管理活动，对已识别的风险及时采取有效的风险控制措施，以保证产品质量。第三十条中要求药品上市许可持有人、药品生产企业每年对直接接触药品的工作人员进行健康检查并建立健康档案，避免患有传染病或者其他可能污染药品疾病的人员从事直接接触药品的生产活动。

4.8.3 药品上市放行

《药品生产监督管理办法》第三条、第三十七条对药品上市放行进行了明确。药品上市许可持有人应当建立药品质量保证体系，履行药品上市放行责任，对其取得药品注册证书的药品质量负责，应当建立药品上市放行规程，对药品生产企业出厂放行的药品检验结果和放行文件进行审核，经质量受权人签字后方可上市放行。中药饮片符合国家药品标准或者省、自治区、直辖市药品监督管理部门制定的炮制规范的，方可出厂、销售。

4.8.4 药品上市后管理

在《药品生产监督管理办法》第四十条、第四十一条中规定了药品上市后药品上市许可持有人的责任。药品上市许可持有人应当持续开展药品风险获益评估和控制，制定上市后药品风险管理计划，主动开展上市后研究，对药品的安全性、有效性和质量可控性进行进一步确证，加强对已上市药品的持续管理。应当建立药物警戒体系，按照国家药品监督管理局制定的药物警戒质量管理规范开展药物警戒工作。药品上市许可持有人、药品生产企业应当经常考察本单位的药品质量、疗效和不良反应。发现疑似不良反应的，应当及时按照要求报告。

4.9 法定代表人和主要负责人的职责

2020版《药品生产监督管理办法》中对药品上市许可持有人和药品生产企业的法定代表人和主要负责人的职责作了不同描述。

表4-1 法定代表人和主要负责人的职责

药品上市许可持有人	药品生产企业
药品上市许可持有人的法定代表人、主要负责人应当对药品质量全面负责	药品生产企业的法定代表人、主要负责人应当对本企业的药品生产活动全面负责
配备专门质量负责人独立负责药品质量管理	配备专门质量负责人独立负责药品质量管理，监督质量管理规范执行，确保适当的生产过程控制和质量控制，保证药品符合国家药品标准和药品注册标准
配备专门质量受权人独立履行药品上市放行责任	配备专门质量受权人履行药品出厂放行责任
监督质量管理体系正常运行	监督质量管理体系正常运行，保证药品生产过程控制、质量控制以及记录和数据真实性
对药品生产企业、供应商等相关方与药品生产相关的活动定期开展质量体系审核，保证持续合规	—
按照变更技术要求，履行变更管理责任	—
对委托经营企业进行质量评估，与使用单位等进行信息沟通	—

药品上市许可持有人	药品生产企业
配合药品监督管理部门对药品上市许可持有人及相关方的延伸检查	—
发生与药品质量有关的重大安全事件，应当及时报告并按持有人制定的风险管理计划开展风险处置，确保风险得到及时控制	发生与药品质量有关的重大安全事件，应当及时报告并按企业制定的风险管理计划开展风险处置，确保风险得到及时控制
其他法律法规规定的责任	其他法律法规规定的责任

从表4-1可以看出：药品上市许可持有人的法定代表人和主要负责人对药品质量全面负责，而药品生产企业的法定代表人和主要负责人则是对药品生产活动全面负责。

药品上市许可持有人的法定代表人和主要负责人有几项职责是药品生产企业的法定代表人和主要负责人没有的，主要涉及对相关方（包括供应商、受托生产企业、受托经营企业）的审核及配合药品监督管理部门的延伸检查。

此外需要说明的是，无论是药品上市许可持有人，还是药品生产企业都需要配备专门质量负责人和专门质量受权人，这里的专门不是指二者不可兼任，而是指专门的岗位，专门的职责。但对于企业来讲，质量负责人和质量受权人兼任后，从监管的角度讲少了一层监督。

4.10 出厂放行和上市放行

以往的药品上市制度下，药品出厂放行和上市放行其实是一个概念，但在2020版《药品管理法》中药品上市许可持有人制度下，药品的出厂放行和上市放行是分开的，分别属于药品生产企业和药品上市许可持有人的职责。《药品生产监督管理办法》中第三十七条对出厂放行和上市放行作了明确。

表4-2 对于出厂放行和上市放行的要求

药品生产企业	药品上市许可持有人
建立药品出厂放行规程，明确出厂放行的标准、条件	建立药品上市放行规程
对药品质量检验结果、关键生产记录和偏差控制情况进行审核	对药品生产企业出厂放行的药品检验结果和放行文件进行审核
对药品进行质量检验	—
符合标准、条件的，经质量受权人签字后方可出厂放行	经质量受权人签字后方可上市放行

由表4-2可以看出，对于药品生产企业的出厂放行，要求进行检验，但对于药品上市许可持有人则要求对检验结果及放行文件进行审核，并未要求其再次进行检验。

对于中药饮片，《药品生产监督管理办法》中要求，中药饮片符合国家药品标准或者省、自治区、直辖市药品监督管理部门制定的炮制规范的，方可出厂、销售。但如果是执行省、自治区、直辖市药品监督管理部门制定的炮制规范的，但如果各省级药品监督管理部门的标准不一致，或者到底执行生产企业所在地的规范还是目标市场所在地的规范，这都是实际执法实践中难点与焦点。

另外，《药品生产监督管理办法》第二十五条规定：疫苗上市许可持有人应当具备疫苗生产、检验必需的厂房设施设备，配备具有资质的管理人员，建立完善质量管理体系，具备生产出符合注册要求疫苗的能力，超出疫苗生产能力确需委托生产的，应当经国家药品监督管理局批准。由此可知，对于疫苗而言，要求疫苗上市许可持有人具备生产能力，也就是说疫苗上市许可持有人只能是疫苗生产企业，这点与药品有所不同。所以疫苗的生产出厂放行和上市放行是一体的。

4.11 短缺药品停产报告制度

2020版《药品生产监督管理办法》第四十六条中首次提出了对市场短缺药品的管理提出了新的要求，以保障药品供应：列入国家实施停产报告的短缺药品清单的药品，药品上市许可持有人停止生产的，应当在计划停产实施六个月前向所在地省、自治区、直辖市药品监督管理部门报告；发生非预期停产的，在三日内报告所在地省、自治区、直辖市药品监督管理部门。必要时，向国家药品监督管理局报告。药品监督管理部门接到报告后，应当及时通报同级短缺药品供应保障工作会商联动机制牵头单位。

可以看出，短缺药品停产报告的主体是药品上市许可持有人，同时也列出了可能的主观原因或客观原因造成停产的不同应对方法，应该说比较科学、全面。但问题在于针对的是列入国家实施停产报告的短缺药品清单的药品。一般的，药品列入短缺药品清单，即市场上已经出现了短缺，列入清单的行为本身就有一定的滞后性，此时因为计划或非计划内的原因停产并实施停产报告，对保障药品供应的作用还有待商榷。可能需要药品上市许可持有人在这方面发挥更大的作用。对于药品上市许可持有人，在药品供应的同时，对市场上竞品或市场供需情况应该说比较清楚，由药品上市许可持有人登记报备短缺药品可能更具有实际意义。

4.12 工作开展时间及工作时限

2020版《药品生产监督管理办法》中对涉及生产监督相关工作开展时间和工作时限进行了明确。

表4–3 生产监督相关工作开展时间和工作时限

分类	工作时限
生产许可证的办理	省、自治区、直辖市药品监督管理部门收到申请后，应进行形式审查，申请材料不齐全或者不符合形式审查要求的，应当当场或者在五日内发给申请人补正材料通知书，一次性告知申请人需要补正的全部内容，逾期不告知的，自收到申请材料之日起即为受理
	省、自治区、直辖市药品监督管理部门应当自受理之日起三十日内，作出决定。经审查符合规定的，予以批准，并自书面批准决定作出之日起十日内颁发药品生产许可证；不符合规定的，作出不予批准的书面决定，并说明理由
生产许可证的变更	变更药品生产许可证许可事项的，向原发证机关提出药品生产许可证变更申请。未经批准，不得擅自变更许可事项。原发证机关应当自收到企业变更申请之日起十五日内作出是否准予变更的决定
	变更药品生产许可证登记事项的，应当在市场监督管理部门核准变更或者企业完成变更后三十日内，向原发证机关申请药品生产许可证变更登记。原发证机关应当自收到企业变更申请之日起十日内办理变更手续

续表

分类	工作时限
生产许可证的变更	药品上市许可持有人、药品生产企业的质量管理体系相关的组织机构、企业负责人、生产负责人、质量负责人、质量受权人发生变更的，应当自发生变更之日起三十日内，完成登记手续
	疫苗上市许可持有人应当自发生变更之日起十五日内，向所在地省、自治区、直辖市药品监督管理部门报告生产负责人、质量负责人、质量受权人等关键岗位人员的变更情况
生产许可证的换证	药品生产许可证有效期届满，需要继续生产药品的，应当在有效期届满前六个月，向原发证机关申请重新发放药品生产许可证 原发证机关结合企业遵守药品管理法律法规、药品生产质量管理规范和质量体系运行情况，根据风险管理原则进行审查，在药品生产许可证有效期届满前作出是否准予其重新发证的决定
生产许可证的补办	药品生产许可证遗失的，药品上市许可持有人、药品生产企业应当向原发证机关申请补发，原发证机关按照原核准事项在十日内补发药品生产许可证
药品安全信用档案更新	省、自治区、直辖市药品监督管理部门应当将药品生产许可证核发、重新发证、变更、补发、吊销、撤销、注销等办理情况，在办理工作完成后十日内在药品安全信用档案中更新
短缺药品报告	列入国家实施停产报告的短缺药品清单的药品，药品上市许可持有人停止生产的，应当在计划停产实施六个月前向所在地省、自治区、直辖市药品监督管理部门报告；发生非预期停产的，在三日内报告所在地省、自治区、直辖市药品监督管理部门。必要时，向国家药品监督管理局报告

4.13 法律责任

新版《药品管理法》《药品生产监督管理办法》中明确了对一些违法违规行为的处罚措施。

4.13.1 对无证生产的处罚

《药品生产监督管理办法》第六十八条中对无证生产药品的范围作了一定的界定，对相关违法行为的处罚作了明确。

（1）违法行为

➢ 药品上市许可持有人和药品生产企业变更生产地址、生产范围应当经批准而未经批准的；

➢ 药品生产许可证超过有效期限仍进行生产的。

（2）处罚措施

按照《药品管理法》第一百一十五条给予处罚：责令关闭，没收违法生产、销售的药品和违法所得，并处违法生产、销售的药品（包括已售出和未售出的药品）货值金额十五倍以上三十倍以下的罚款；货值金额不足十万元的，按十万元计算。

4.13.2 违反质量管理规范的处罚

《药品管理法》第六十九条、第七十条明确了对药品上市许可持有人和药品生产企业未按照药品生产质量管理规范，及辅料、直接接触药品的包装材料和容器的生产企业及供应商未遵守国家药品监督管理局制定的质量管理规范等相关要求，不能确保质量保证体系持续合规的违法行为的处罚。

（1）违法行为

➢ 药品上市许可持有人和药品生产企业未按照药品生产质量管理规范的要求生产，有下列情形之一，属于《药品管理法》第一百二十六条规定的情节严重情形的，依法予以处罚：

· 未配备专门质量负责人独立负责药品质量管理、监督质量管理规范执行；

· 药品上市许可持有人未配备专门质量受权人履行药品上市放行责任；

· 药品生产企业未配备专门质量受权人履行药品出厂放行责任；

· 质量管理体系不能正常运行，药品生产过程控制、质量控制的记录和数据不真实；

· 对已识别的风险未及时采取有效的风险控制措施，无法保证产品质量；

· 其他严重违反药品生产质量管理规范的情形。

➢ 辅料、直接接触药品的包装材料和容器的生产企业及供应商未遵守国家药品监督管理局制定的质量管理规范等相关要求，不能确保质量保证体系持续合规。

（2）处罚措施

责令限期改正，给予警告；逾期不改正的，处十万元以上五十万元以下的罚款；情节严重的，处五十万元以上二百万元以下的罚款，责令停产停业整顿直至吊销药品批准证明文件、药品生产许可证等，对法定代表人、主要负责人、直接负责的主管人员和其他责任人员，没收违法行为发生期间自本单位所获收入，并处所获收入百分之十以上百分之五十以下的罚款，十年直至终身禁止从事药品生产经营等活动。

4.13.3 《药品生产监督管理办法》专设的处罚

《药品生产监督管理办法》第七十一条列明了一些药品上市许可持有人和药品生产企业违法违规行为和处罚措施，这是该部门规章独有的处罚，并不在《药品管理法》中。

（1）违法行为

➢ 企业名称、住所（经营场所）、法定代表人未按规定办理登记事项变更；

➢ 未按照规定每年对直接接触药品的工作人员进行健康检查并建立健康档案；

➢ 未按照规定对列入国家实施停产报告的短缺药品清单的药品进行停产报告。

（2）处罚措施

处一万元以上三万元以下的罚款。

4.13.4 对监管人员的处罚

《药品生产监督管理办法》第七十二条列明了一些药品监督部门违法违规行为和处罚措施。

（1）违法行为

药品监督管理部门有下列行为之一：

➢ 瞒报、谎报、缓报、漏报药品安全事件；

➢ 对发现的药品安全违法行为未及时查处；

➢ 未及时发现药品安全系统性风险，或者未及时消除监督管理区域内药品安全隐患，造成严重影响；

➢ 其他不履行药品监督管理职责，造成严重不良影响或者重大损失。

（2）处罚措施

对直接负责的主管人员和其他直接责任人员给予记过或者记大过处分；情节较重的，给予降级或者撤职处分；情节严重的，给予开除处分。

第五章 《药品生产监督管理办法》问答

5.1 热点问题

问题1：我们应该如何理解“通过单独审评审批或关联审评的原料药应当自行生产，不得再委托生产”？

原料药的管理，在修订《药品注册管理办法》《药品生产监督管理办法》的过程中是一个重点研究的问题。通过单独审评审批或关联审评的原料药应当自行生产，不得再委托生产，这是从风险管理的角度出发的，也是现阶段对原料药管理的必要措施。

原料药是具有药理活性的物质，按《药品管理法》《药品注册管理办法》的有关要求，原料药应关联审评或单独审评审批，通过审批的原料药会发给原料药批准通知书、核准的生产工艺、质量标准和标签。这就要求原料药的生产要持续的合法合规，严格执行药品生产质量管理规范。在原料药的研发阶段，可以委托其他生产企业进行放大研究并申报单独审评审批或关联审评，但一经批准，就不允许再委托其它生产企业生产。这就要求委托方在原料药批准之前对受托方进行全面的审计，双方签订质量协议和合作协议以保证原料药批准后的质量及供应。

问题2：更换受托生产企业时，持有人应该如何操作，是否允许同时委托多家生产企业生产？

在药品上市许可持有人制度下，委托生产将成为常态。如何落实持有人委托生产的质量要求，这需要在制度设计上统筹考虑。

首次申请生产许可证，持有人应按《药品生产监督管理办法》第六条和第七条的要求进行提交。对于已经取得药品生产许可证的持有人再次委托其他企业生产或变更生产企业的，在国家药监局关于实施新修订《药品生产监督管理办法》有关事项的公告(2020年第47号)中，要求是按《药品生产监督管理办法》第十六条的要求按变更进行办理。在保障药品质量和疗效一致性的前提下，允许持有人委托多个企业进行生产加工，持有人在委托首家生产企业获得批准后，可以再委托其他企业生产加工。《药品管理法》对于药品没有规定委托生产企业具体数量限制，持有人可以委托多家生产企业进行生产，但应符合注册法规、现场检查及其他相关的法律法规的规定。此外，对于一些国家药品监督管理局进行特殊管理的药品，如麻醉药品等，其委托生产应符合特殊药品管理的规定。

从持有人履行职责的角度讲，药品上市许可持有人对药品质量全面负责，所以在委托生产时也应加强对受托生产企业的监督管理，以保证药品安全。

问题3：药品上市许可持有人的法定代表人、主要负责人的职责中，应配合药品监督管理部门对药品上市许可持有人及相关方的延伸检查，应如何理解相关方?

这里的相关方应至少包括以下情况：应包括与药品上市许可持有人所持有药品有关的药品研制单位、药品生产企业、药品经营企业等；同时还包括该药品生产所需要的原料药、辅料、直接接触药品的包装材料和容器等相关物料的供应商或生产企业；此外还包括药品研制、药品生产过程中的委托研究单位，如委托检测单位等。

问题4：在哪些情况下可能被延伸检查？

药品监督管理部门基于风险评估决定实施延伸检查，以实现对药品研制和生产环节实施有效的监督管理。延伸检查可能基于药品审评中发现的问题或风险；也可能基于对药品的日常监督管理的需要；甚至有可能基于举报等实施有因核查。

问题5：质量负责人和质量受权人能否兼任？

根据《药品生产质量管理规范(2010年修订)》“第二十条 关键人员应当为企业的全职人员，至少应当包括企业负责人、生产管理负责人、质量管理负责人和质量受权人。质量管理负责人和生产管理负责人不得互相兼任。质量管理负责人和质量受权人可以兼任。应当制定操作规程确保质量受权人独立履行职责，不受企业负责人和其他人员的干扰。”

质量管理负责人与质量受权人是可以相互兼任。因此，此处“专门”的意思应当是专（门）岗（位）、专（门）职（责）、专人负责，并非指不能兼职。是否兼职，建议MAH和药品生产企业根据实际工作情况决定。但应务必保证质量受权人能够独立地履行职责，而不受企业法人、企业负责人或其他人员的限制。

此外需要说明的是，无论是药品上市许可持有人，还是药品生产企业都需要配备专门质量负责人和专门质量受权人，这个专门是指专门的岗位、专门的职责。但对于企业来讲，质量负责人和质量受权人兼任后，从监管的角度讲少了一层监督。

问题6:《药品生产监督管理办法》第六条、第七条中涉及药品上市许可持有人的资质要求，请问委托生产的药品上市许可持有人是否需要设检验机构、工程技术人员、技术工人等?

《药品生产监督管理办法》第六条、第七条提及药品生产企业或委托生产的药品上市许可持有人应具备的条件的第一点是：有依法经过资格认定的药学技术人员、工程技术人员及相应的技术工人，法定代表人、企业负责人、生产管理负责人、质量管理负责人、质量受权人及其他相关人员符合《药品管理法》《疫苗管理法》规定的条件。但对于委托生产的药品上市许可持有人，本身并没有生产条件，所以也没有工程技术人员或技术工人的需求。

《药品生产监督管理办法》第六条、第七条提及药品生产企业或委托生产的药品上市许可持有人应具备的条件的第三点要求，应有能对所生产药品进行质量管理和质量检验的机构、人员。

问题7：科研单位作为药品上市许可持有人时，取得药品生产许可证有什么意义?

需要明确的一点是，药品上市许可持有人是需要一定的资质要求的。在《药品管理法》第二十五条中，对申请注册的药品，国务院药品监督管理部门应当组织药学、医学和其他技术人员进行审评，对药品的安全性、有效性和质量可控性以及申请人的质量管理、风险防控和责任赔偿等能力进行审查。这里面对药品的安全性、有效性和质量可控性以及申请人的质量管理能力的审查应该说CDE和CFDI（国家药品监督管理局食品药品审核查验中心）都可以胜任。但是CDE和CFDI似乎很难实现对申请人风险防控和责任赔偿等能力的审查。从这个角度看，省级药监局在颁发药品生产许可证时会对持有人进行审查，一定程度上可以弥补CDE和CFDI对申请人风险防控和责任赔偿等能力的审查的不足。

对于科研单位，如果想成为药品上市许可持有人，也需要满足三大能力：质量管理能力、风险防控能力和责任赔偿能力。在办理生产许可证的过程中，也是对三大能力的审核。从一定程度上讲，也是药品上市前的资格准入。

问题8：境外生产药品的上市许可持有人是否需要办理药品生产许可证?

在《药品管理法》第三十八条规定药品上市许可持有人为境外企业的，应当由其指定的在中国境内的企业法人履行药品上市许可持有人义务，与药品上市许可持有人承担连带责任。至于是需要境外上市许可持有人还是履行药品上市许可持有人义务的中国境内的企业法人或代理人办理生产许可证，应该后续会有细则。

问题9：多品种委托多个生产单位时，MAH是否要取得多个药品生产许可证?

MAH可以将同一品种委托多个生产单位，也可以将不同品种分别委托不同的生产单位生产。按照国家药监局关于实施新修订《药品生产监督管理办法》有关事项的公告(2020年 第47号)，已取得药品生产许可证的药品上市许可持有人委托生产制剂的，按照《药品生产监督管理办法》第十六条有关变更生产地址或者生产范围的规定办理，委托双方的企业名称、品种名称、批准文号、有效期等有关变更情况，应当在药品生产许可证副本中载明。由此可见，委托双方的企业名称、品种名称、批准文号、有效期等有关变更情况的信息体现在生产许可证的副本中，在多次委托时应该不需要办理多个生产许可证。

问题10：药品生产许可证有效期届满申请换证，如何理解原发证机关“逾期未作出决定的，视为同意重新发证，并予补办相应手续”？

《药品生产监督管理办法》第十九条规定，药品生产许可证有效期届满，需要继续生产药品的，应当在有效期届满前六个月，向原发证机关申请重新发放药品生产许可证。原发证机关结合企业遵守药品管理法律法规、药品生产质量管理规范和质量体系运行情况，根据风险管理原则进行审查，在药品生产许可证有效期届满前作出是否准予其重新发证的决定。逾期未作出决定的，视为同意重新发证，并予补办相应手续。

按照在《中华人民共和国行政许可法》中第五十条中，逾期未作决定的，视为准予延续。由此可见，逾期后的默示同意，这并不意味着行政许可，而强调的是一种逾期后的合法的法律状态。逾期会有多方面的原因，也有可能因为后期的审查而不予许可。

问题11：药品生产企业的同一生产线能否生产兽药或食品？

《药品生产监督管理办法》第三十五条要求，药品上市许可持有人和药品生产企业不得在药品生产厂房生产对药品质量有不利影响的其他产品。从描述上并未提及不能生产其他产品，只是不能生产对药品质量有不利影响的产品。也就是说，如果拟生产的兽药已经达到人用药的标准，或该兽药或拟生产的食品对药品没有不利影响，即可以共线生产，重点在于证明不会产生不利影响。

问题12：委托其他企业生产药品的上市许可持有人，能否可以与药品生产企业或第三方机构签订协议，由生产企业或第三方机构负责上市放行？

在《药品管理法》和《药品生产监督管理办法》中涉及了药品上市许可持有人的资格要求、准入条件及相应的职责。药品上市许可持有人应当建立药品质量保证体系，履行药品上市放行责任，对其取得药品注册证书的药品质量负责。

在《药品管理法》第三十八条中，药品上市许可持有人为境外企业的，应当由其指定的在中国境内的企业法人履行药品上市许可持有人义务，与药品上市许可持有人承担连带责任。对于境外的上市许可持有人，其持有人义务责任相当于委托了境内的企业法人，当然这可能是出于境外生产企业的监管考虑。

首先，即使持有人将上市放行的工作委托具备质量管理能力和风险防控能力的第三方，仍由持有人承担责任赔偿能力，这种情况下是否还有委托放行的必要。

其次，国家药监局综合司2020年2月25日发布的药品委托生产质量协议指南（征求意见稿）中，也明确说明，持有人依法对药品研制生产、经营使用全过程中药品的安全性、有效性、质量可控性负责，不得通过质量协议将法定由持有人履行的义务和责任委托受托生产企业承担。协议中应明确规定持有人应配备质量受权人，负责产品的最终上市放行。持有人不得将产品的上市放行工作授权给受托方完成。受托方只能进行产品的出厂放行。尽管只是征求意见稿，但也反映当前监管机构对于这一问题的态度。

所以，目前不允许上市许可持有人将上市放行委托生产企业或第三方机构负责。

问题13：对于本就为生产企业的药品上市许可持有人，其出厂放行和上市放行是否需要配备两套质量管理体系？

出厂放行和上市放行是分开独立的两种放行，从风险管理的角度，两级放行可加强监督管理，有助于保证药品安全。按照《药品生产监督管理办法》第三十七条中，药品生产企业应当建立药品出厂放行规程，明确出厂放行的标准、条件，并对药品质量检验结果、关键生产记录和偏差控制情况进行审核，对药品进行质量检验。符合标准、条件的，经质量受权人签字后方可出厂放行。药品上市许可持有人应当建立药品上市放行规程，对药品生产企业出厂放行的药品检验结果和放行文件进行审核，经质量受权人签字后方可上市放行。结合《药品管理法》第三十三条规定，药品上市许可持有人应当建立药品上市放行规程，对药品生产企业出厂放行的药品进行审核，经质量受权人签字后方可放行。不符合国家药品标准的，不得放行。可见出厂放行和上市放行时适用于不同的规程，且均需要质量授权人签字，如果是同一套体系或同样的人员，则无法起到监督管理的作用。因此对于生产企业为主体的药品上市许可持有人，其出厂放行和上市放行均需要配备质量管理体系，也应由两套人员分别负责相应的审核和放行。

问题14：《药品生产监督管理办法》第五十五条提到省级药监部门可以结合本行政区域内药品生产监管工作实际情况，调整检查频次，该如何理解？

《药品生产监督管理办法》第五十五条中列举了对不同类型产品（药品、原料药、辅料或直接接触药品的包装材料和容器）的检查频次。其中对麻醉药品、第一类精神药品、药品类易制毒化学品生产企业每季度检查不少于一次；对疫苗、血液制品、放射性药品、医疗用毒性药品、无菌药品等高风险药品生产企业，每年不少于一次药品生产质量管理规范符合性检查；对上述产品之外的药品生产企业，每年抽取一定比例开展监督检查，三年内实现检查全覆盖；对原料、辅料、直接接触药品的包装材料和容器等供应商、生产企业每年抽取一定比例开展监督检查，五年内实现检查全覆盖。除此之外，还可能有其他类似的延伸检查、有因核查等，还有可能涉及对药品上市许可持有人的检查。不同省份制药行业的发展水平不同，某些省份可能有大量原料药生产企业，有些省份可能是更多的制剂生产企业，这样可能导致不同省份在某些时间段内检查任务不同，所以第五十五条规定省级药监部门可以结合本行政区域内药品生产监管工作实际情况，调整检查频次。对于调整检查频次，并未明确是增加频次还是减少频次，应该说都是有可能的。现行的药品相关法律法规要求的是持续的合规，所以也不可能固定监督检查的频次。

问题15：药品经营企业能否成为上市许可持有人？

从《药品管理法》第三十条来看，药品上市许可持有人是指取得药品注册证书的企业或者药品研制机构等。上市许可持有人须是企业或科研机构，但并未明确企业的范围，所以可以认为生产企业、经营企业或研发单位在满足相应的准入条件后，是可能成为药品上市许可持有人的。

问题16：新修订《药品生产监督管理办法》第五条规定，国家药品监督管理局信息中心负责药品追溯协同服务平台、药品安全信用档案建设和管理，对药品生产场地进行统一编码。这里的药品生产场地编码是什么意思？

生产场地是新修订《药品生产监督管理办法》新引入的概念。第七十四条场地管理文件，是指由药品生产企业编写的药品生产活动概述性文件，是药品生产企业质量管理文件体系的一部分。场地管理文件有关要求另行制定。经批准或者关联审评审批的原料药、辅料和直接接触药品的包装材料和容器生产场地、境外生产场地一并赋予统一编码。

问题17：生物制品可以分段委托生产吗？

目前，委托生产细则没有出来，还需等待。按旧的规定，委托生产就是全部委托。

问题18：生产企业将自行生产的其中一个产品转让给其他企业，自己成为该产品的受托生产企业，该生产企业是否还有为此受托申请生产许可证？

不需要申请新证，但涉及到生产许可证的变更。

问题19：生产企业将自行生产的其中一个产品委托其他企业生产，自己成为该产品的上市许可人，是否需要重新申请生产许可证？

应该需要重新申请生产许可证，按照《药品生产监督管理办法》第七十七条，分类码是对许可证内生产范围进行统计归类的英文字母串。大写字母用于归类药品上市许可持有人和产品类型，包括：A代表自行生产的药品上市许可持有人，B代表委托生产的药品上市许可持有人，C代表接受委托的药品生产企业，D代表原料药生产企业；自行生产和委托生产适用于不同的分类码。

问题20：境外企业的境内代理是否需要申请生产许可证？如果需要，如何申请？

这个应当另有规定，不适用于《药品生产监督管理办法》。

问题21：新修订《药品生产监督管理办法》第四十七条，"药品上市许可持有人为境外企业的，应当指定一家在中国境内的企业法人，履行《药品管理法》与本办法规定的药品上市许可持有人的义务，并负责协调配合境外检查工作。"本条中境内的企业法人应符合什么要求？境内的企业法人如何履行药品上市许可持有人的义务？

境外MAH指定的企业法人是能承担MAH义务和法律责任的企业即可。执行层面请等待后续配套文件。

境内的企业法人履行义务一方面是《药品管理法》《疫苗管理法》等规定的MAH应当遵守的义务，另一方面是取决于双方的合同约定。义务的履行一方面可以有被指定的企业法人履行，也可以依法委托其他单位代为履行。例如，药物警戒义务。

在某种意义上，我们可以理解为MAH的境内代理人相当于境内MAH的法律地位，对境内MAH规定可以委托出去的义务，境内代理人也应当可以委托出去。

问题22：原料药生产企业是否可以成为药品上市许可持有人?

原料药只有生产企业的概念，没有持有人的概念。

问题23：受托生产企业没有GMP证书，能接受委托吗?能用受托双方效期内的生产许可证申请药品上市吗?

可以委托。目前已经不再发放药品GMP证书了，在药品上市前进行药品生产质量管理规范符合性检查即可。

可以申请上市。

问题24：是否允许药品持有人为境内公司，委托境外生产厂进行生产?同理，是否允许药品持有人为境外公司，委托中国境内生产厂?

这两种情况应当另行制定相关文件。

问题25：新药在完成商业规模生产工艺验证后，即可在提交NDA之前申请检验。用于检验的批次在药品批准后，可以上市销售么?

新修订《药品生产监督管理办法》第五十二条规定，通过相应上市前的药品生产质量管理规范符合性检查的商业规模批次，在取得药品注册证书后，符合产品放行要求的可以上市销售。

对于用于检验的批次，新修订《药品生产监督管理办法》中未明确规定。

问题26：在7月1日后药品生产许可证到期的，是否需要在生产监督管理办法实施时换证？

不需要。根据《国家药监局关于实施新修订<药品生产监督管理办法>有关事项的公告》，现行《药品生产许可证》在有效期内继续有效。7月1日以后，对药品生产企业申请变更、重新发证、补发等的，经过审查符合规定的，换发新证。

由于药品生产企业可以在《药品生产许可证》有效期届满前6个月提出重新发放的申请，因此可能存在今年即将到期并在7月1日前提出申请的情形。对此，我们认为从法律效力和提高行政管理效率的角度，在可预期《药品生产监督管理办法》即将实施的前提下，可按照新办法的要求进行审查，对符合条件的情形，在7月1日后发放新证。

问题27：近期拿到药品注册批件的生产企业，目前药品GMP证书还在有效期内，如果在2020年7月1日前组织生产，是否需要接受药品GMP符合性检查？2020年7月1日后组织生产是否需要接受药品GMP符合性检查呢？

根据国家药监局《药品生产监督管理办法》官方解读第五点、《国家药监局关于实施新修订<药品生产监督管理办法>有关事项的公告》第五点，药品GMP符合性检查涉及上市前检查、许可检查、上市后检查等环节。目前产品已获得注册批件，且药品GMP证书还在有效期内，无论7月1日前组织生产或者7月1日后组织生产，均需按照规定接受上市后监督检查，内容包含实施药品GMP情况。药品上市许可持有人、生产企业应当保持药品生产过程中的持续合规。

问题28：关于年度报告制度，是省药监局统一组织报告吗？是否有指南？

关于年度报告，《药品管理法》第三十七条规定“药品上市许可持有人应当建立年度报告制度，每年将药品生产销售、上市后研究、风险管理等情况按照规定向省、自治区、直辖市人民政府药品监督管理部门报告”。由此看出年度报告是药品上市许可持有人的应尽的义务，MAH应当有年度报告的意识和能力。但考虑到我国具体情况，现阶段国家药监部门应当会加强行政指导和服务，适时出台年度报告制度指导意见、要求、明细报告撰写指南等配套文件。

问题29：药物警戒体系检查是联合检查吗？

目前并无“药物警戒体系检查”这一称谓。按照以往“药品不良反应报告和监测检查”实施情况，可采用专项检查和联合检查的方式。例如，2018年某省曾对“药品制剂生产企业不良反应（事件）监测情况进行专项检查”，采用的是单独检查的方式；再如2019年，部分省份采用联合检查的方式对持有人药物警戒体系进行检查。在国家药监部门没有出台具体细则之前，具体检查方式的执行请咨询企业所在地药监部门。

问题30：药品追溯协同服务平台的性质是什么，是用于各药品追溯平台的相互对接，还是以后药品追溯由在建的药品追溯协同服务平台进行？

根据国家药监局《药品信息化追溯体系建设导则》《药品

追溯码编码要求》，药品追溯协同服务平台与药品追溯系统（企业自建或第三方建立）、药品追溯监管系统共同构成药品信息化追溯体系。

药品追溯协同服务平台由国家药监局信息中心负责建设和管理。通过提供不同药品追溯系统的访问地址解析、药品追溯码编码规则的备案和管理，以及药品、企业基础数据分发等服务，辅助实现药品追溯相关信息系统互联互通的信息服务系统。

该平台包括追溯协同模块和监管协同模块，追溯协同模块服务企业和消费者，监管协同模块服务监管工作。应可提供准确的药品品种及企业基本信息、药品追溯码编码规则的备案和管理服务以及不同药品追溯系统的地址服务，辅助实现不同药品追溯系统互联互通。

因此，药品追溯协同服务平台的性质是连接企业、消费者和监管部门的服务平台，通过统一的数据交换技术标准，实现不同追溯平台信息的互联。从具体职责而言，协同服务平台负责统筹不同追溯系统的赋码工作，上市许可持有人和药品生产企业在赋码前应当向协同服务平台进行备案，服从平台统筹，确保追溯码的唯一性。

关于协同服务平台与各药品追溯系统的关系问题，根据公告，应由药品上市许可持有人和生产企业根据《药品追溯码编码要求》要求进行各药品追溯系统建设（自建或委托第三方），并由经营企业和使用单位配合上传追溯信息后，将追溯信息对接至协同服务平台，并不是通过协同服务平台进行追溯。

5.2 官方解读

问题1：药品生产环节如何落实新修订《药品管理法》要求?

根据新修订的《药品管理法》，为落实生产质量责任，保证生产过程持续合规，符合质量管理规范要求，加强药品生产环节监管，规范药品监督检查和风险处置，修订了《药品生产监督管理办法》。

一是全面规范生产许可管理。明确药品生产的基本条件，规定了药品生产许可申报资料提交、许可受理、审查发证程序和要求，规范了药品生产许可证的有关管理要求。

二是全面加强生产管理。明确要求从事药品生产活动，应当遵守药品生产质量管理规范等技术要求，按照国家药品标准、经药品监管部门核准的药品注册标准和生产工艺进行生产，保证生产全过程持续符合法定要求。

三是全面加强监督检查。按照属地监管原则，省级药品监管部门负责对本行政区域内的药品上市许可持有人，制剂、化学原料药、中药饮片生产企业的监管。对原料、辅料、直接接触药品的包装材料和容器等供应商、生产企业开展日常监督检查，必要时开展延伸检查。建立药品安全信用档案，依法向社会公布并及时更新，可以按照国家规定实施联合惩戒。

四是全面落实最严厉的处罚。坚持利剑高悬，严厉打击违法违规行为。进一步细化《药品管理法》有关处罚条款的具体情形。对违反《药品生产监督管理办法》有关规定的情形，增设了相应的罚则条款，保证违法情形能够依法处罚。

问题2：药品监管部门生产监管事权如何进一步明确规定?

为强化药品生产环节监管，明确监管事权划分，《药品生产监督管理办法》在坚持属地监管原则的基础上，细化了药品监管部门在药品生产环节的监管事权，做到权责清晰，确保药品生产监管工作落到实处。

一是明确国家药监局主管全国药品生产监督管理工作，对省级药品监管部门的药品生产监督管理工作进行监督和指导。

二是国家药监局核查中心组织制定药品检查技术规范和文件，承担境外检查以及组织疫苗巡查等，分析评估检查发现风险、做出检查结论并提出处置建议，负责各省级药品检查机构质量管理体系的指导和评估。

三是国家药监局信息中心负责药品追溯协同服务平台、药品安全信用档案建设和管理，对药品生产场地进行统一编码。

四是坚持属地监管原则，省级药品监管部门负责本行政区域内的药品生产监督管理，承担药品生产环节的许可、检查和处罚等工作。

问题3：为什么药品上市许可持有人需要取得《药品生产许可证》?

《药品管理法》规定，从事药品生产活动，应当经所在地省级药品监管部门批准，取得《药品生产许可证》。《药品生产监督管理办法》进一步明确药品上市许可持有人（包括自行生产或者委托生产的）应当申请取得《药品生产许可证》，并细化了相关工作程序和要求，对申请发证、到期重新审查、变更、注销、吊销等要求都进行了统一规定。

一是从法律规定方面看。按照新修订《药品管理法》第三十二条、第四十一条规定，持有人作为从事药品生产的主体，无论自行生产药品还是通过委托生产药品，都属于生产行为，申请取得《药品生产许可证》，符合新修订《药品管理法》的立法精神。

二是从实际监管工作方面看。法律规定药品上市许可持有人对药品从研制到使用以及上市后的药品安全性、有效性和质量可控性负责，对药品生产持续合规和变更管理等持续改进依法承担责任。持有人依法申请《药品生产许可证》，与当前药品生产监管的政策和要求保持无缝衔接，更好地落实持有人的主体责任，同时也明确了持有人取得许可证后的相关行政管理措施。

三是从推进“放管服”改革方面看。在持有人试点期间，持有人在招标、销售、税务等多方面存在“最后一公里”问题，持有人申请取得药品生产许可证后，可以更好地释放政策红利，解决实际困难。

问题4：如何申请取得药品生产许可证？

《药品管理法》规定，从事药品生产活动，应当取得药品生产许可证。这是从事药品生产的起点，也是必要条件。《药品生产监督管理办法》对生产许可证的核发条件、办理程序时限、现场检查要求等环节进行了规定。

一是规定了取得生产许可证的条件。从事药品生产，应当具备机构人员、设施设备、质量管理、检验仪器设备、质量保证规章制度等5方面条件。另外，还对疫苗生产企业进行了特殊规定。

二是规定了许可程序和时限要求。申请人应当按照申报资料要求，向所在地省级药品监管部门提出申请。省级药品监管部门收到申请后，根据不同情形，在规定时限内作出是否受理、是否予以批准的决定。明确了药品生产许可中所有时间都是以工作日计，技术审查和评定、现场检查、企业整改等所需时间不计入期限。同时，药品监管部门应当公开审批结果，并提供条件便利申请人查询审批进程。

三是规定了变更内容。对登记事项和许可事项的变更内容进行了规定，明确了许可证变更的办理时限等。对于不予变更的，省级药品监管部门应当书面说明理由，并告知申请人享有依法申请行政复议或者提起行政诉讼的权利。

四是规定了许可证有效期届满发证。许可证有效期届满，需要继续生产药品的，应当在有效期届满前六个月，向原发证机关申请重新发放药品生产许可证。原发证机关在综合评定后，在药品生产许可证有效期届满前作出是否准予其重新发证的决定，逾期未作出决定的，视为同意重新发证，并予补办相应手续。

同时，《药品生产监督管理办法》还规定了许可证补发、吊销、撤销、注销等办理程序要求。

问题5：如何加强药品GMP质量监管？

取消药品GMP认证发证是国务院做出的重大决策部署，目的是为了提高GMP实施的科学性，强化药品生产企业持续合规的主体责任。新修订的《药品管理法》进行了规定，国家药监局2019年第103号公告也进行了工作部署和要求。在GMP认证发证取消后，药品监管部门将从以下几方面加强GMP的监督实施，做好药品监管工作。

一是全面落实国务院“放管服”改革要求。自2019年12月1日起，取消药品GMP认证，不再受理GMP认证申请，不再发放药品GMP证书。取消GMP认证发证后，药品生产质量管理规范仍然是药品生产活动的基本遵循和监督管理的依据，药品监管部门将切实加强上市后的动态监管，由五年一次的认证检查，改为随时对GMP执行情况进行检查，监督企业的合规性，对企业持续符合GMP要求提出了更高的要求。

二是进一步明确了药品生产质量管理规范相关要求。《药品生产监督管理办法》对药品生产监管工作重新进行了顶层设计，对药品生产质量管理规范符合性检查的检查频次及要求等都进行了明确规定，对生产过程中不遵守药品生产质量管理规范的法律责任也进行了规定。通过上市前的检查、许可检查、上市后的检查、行政处罚等措施，将执行药品生产质量管理规范的网格织得更紧密，监管检查形式更加灵活，真正做到了药品生产质量管理规范贯穿于药品生产全过程。

三是进一步明确事权划分。明确了国家和省级药品监管部门的事权划分，以及国家药监局核查中心、信息中心等审评、检验、核查、监测与评价专业技术机构的具体事权和责任。在全面实施药品上市许可持有人制度下，进一步明确了跨省委托生产的总体要求，保证全国执行药品生产质量管理规范标准尺度一致，有利于检查结果的互联互通和共享使用，从而促进跨省委托监管能够落地实施。

四是进一步做好药品检查相关规范性文件制修订工作。《药品管理法》《疫苗管理法》《药品生产监督管理办法》等法律法规规章对药品检查进行了相关的规定，国家药监局正在组织制定药品检查管理规定等配套规范性文件，为下一步细化检查工作、执行好药品生产质量管理规范打下坚实的基础。

问题6：如何做好生产环节的跨省监管工作？

国家对药品管理实行药品上市许可持有人制度。为做好持有人委托生产特别是跨省委托生产监管工作，《药品生产监督管理办法》对相关制度进行了明确规定。

一是明确监管事权划分。坚持属地监管原则，省级药品监管部门负责本行政区域内的药品生产监督管理，承担药品生产环节的许可、检查和处罚等工作。负责对药品上市许可持有人，制剂、化学原料、中药饮片生产企业的监督管理。

二是加强跨省监管协同。对于持有人和受托药品生产企业不在同一省的，由持有人所在地省级药品监管部门负责对药品上市许可持有人的监督管理，受托药品生产企业所在地省级药品监管部门负责对受托药品生产企业的监督管理。有关省级药品监管部门加强监督检查信息互相通报，及时将监督检查信息更新到药品安全信用档案中，并可以根据通报情况和药品安全信用档案中监管信息更新情况开展调查，对持有人或者受托药品生产企业依法作出行政处理，必要时可以开展联合检查。

三是做好检查执法衔接工作。在药品生产监督检查过程中，发现存在涉嫌违反药品法律、法规、规章的行为，药品监管部门应当做好检查执法衔接，按照职责和权限依法查处，涉嫌犯罪的移送公安机关处理。

问题7：持有人如何开展药品年度报告？

新修订《药品管理法》明确规定“药品上市许可持有人应当建立年度报告制度，每年将药品生产销售、上市后研究、风险管理等情况按照规定向省、自治区、直辖市人民政府药品监督管理部门报告”。建立并实施年度报告制度是持有人应尽的法定义务，该制度的实施有利于进一步强化持有人的药品全生命周期质量管理意识，增强持有人守法合规主动性，推动持有人持续改进质量体系，提升药品生产质量管理规范执行水平，特别是督促持有人加强药品上市后研究和风险管理，全面提升药品质量，保障药品安全、有效和质量可控，更好地保障公众用药安全和促进公众健康。

《药品生产监督管理办法》对年度报告工作做了进一步的规定，明确药品上市许可持有人应当建立年度报告制度，同时，要求疫苗上市许可持有人应当按照规定向国家药监局进行年度报告。目前，国家药监局加快药品年度报告信息化平台建设。药品监管部门将通过年度报告制度，掌握持有人每年药品生产销售、上市后研究、风险管理等方面的信息和数据，推动药品生产监管逐步实现精准监管、科学监管目标。

问题8：持有人如何落实短缺药品报告？

党中央国务院高度重视短缺药品保供稳价工作，国务院办公厅印发《关于进一步做好短缺药品保供稳价工作的意见》（国办发〔2019〕47号），明确部门责任分工，更好保障群众基本用药需求。新修订《药品管理法》规定“国家实行短缺药品清单管理制度。药品上市许可持有人停止生产短缺药品的，应当按照规定向国务院药品监督管理部门或者省、自治区、直辖市人民政府药品监督管理部门报告”。

《药品生产监督管理办法》进一步细化短缺药品报告要求。国家短缺药品供应保障工作会商联动机制牵头单位向社会发布实施停产报告的短缺药品清单，持有人停止生产列入短缺药品清单的药品，应当在计划停产实施六个月前向所在地省级药品监督管理部门报告；发生非预期停产的，在三日内报告所在地省级药品监督管理部门，必要时向国家药监局报告。药品监管部门接到报告后及时通报同级短缺药品供应保障工作会商联动机制牵头单位。持有人对列入国家实施停产报告的短缺药品清单的药品，未按照规定进行停产报告的，依法予以处罚。

问题9：药品生产环节如何加强风险管理？

为贯彻《药品管理法》风险管理的原则，守住药品质量安全的底线，《药品生产监督管理办法》进一步强化风险管理措施，保障药品的质量安全。

一是落实企业主体责任。明确持有人和药品生产企业法定代表人、主要负责人的相关责任，对发生与药品质量有关的重大安全事件，依法报告并开展风险处置，确保风险得到及时控制。持有人应当立即对相关药品及其原料、辅料以及直接接触药品的包装材料和容器、相关生产线等采取封存的控制措施。

强调生产过程中开展风险评估、控制、验证、沟通、审核等质量管理活动，对已识别的风险及时采取有效风险控制措施。开展风险获益评估和控制，制定上市后药品风险管理计划，主动开展上市后研究。

二是加强监督检查。省级药品监管部门结合企业遵守药品法律法规、药品生产质量管理规范和质量体系运行情况，根据风险管理原则进行审查，在药品生产许可证有效期届满前作出是否准予其重新发证的决定。根据药品品种、剂型、管制类别等特点，结合国家药品安全总体情况、药品安全风险警示信息、重大药品安全事件及其调查处理信息等，以及既往检查、检验、不良反应监测、投诉举报等情况确定检查频次，特别强调对麻醉药品、第一类精神药品、药品类易制毒化学品生产企业每季度检查不少于一次。对疫苗、血液制品、放射性药品、医疗用毒性药品、无菌药品等高风险药品生产企业，每年不少于一次药品生产质量管理规范符合性检查。

三是强化风险处置。药品监管部门在检查过程中应按规定及时报告发现存在的药品质量安全风险情况。通过检查发现生产管理或者疫苗储存、运输管理存在缺陷，有证据证明可能存在安全隐患的，应当依法采取相应的控制措施，如发出告诫信，并采取告诫、约谈、限期整改，以及暂停生产、销售、使用、进口等措施。对持有人应召回而未召回的，药品监管部门责令其召回。风险消除后，采取控制措施的药品监督管理部门应当解除控制措施。

四是强化问责处置。规定省级药品监管部门未及时发现生产环节药品安全系统性风险，未及时消除监督管理区域内药品安全隐患的，或者省级人民政府未履行药品安全职责，未及时消除区域性重大药品安全隐患的，国家药品监督管理局应当对其主要负责人进行约谈。被约谈的省级药品监管部门和地方人民政府应当立即采取措施，对药品监督管理工作进行整改。约谈情况和整改情况应当纳入省级药品监督管理部门和地方人民政府药品监督管理工作评议、考核记录。

问题10：新《药品生产监督管理办法》发布后、实施前有哪些政策措施?

在2020年7月1日前，对于已受理但尚未批准的药品生产许可申请是在《药品生产监督管理办法》施行后，应当按照《药品生产监督管理办法》有关规定进行办理。

现有药品生产许可证在有效期内继续有效。《药品生产监督管理办法》施行后，对于药品生产企业申请变更、重新发证、补发等的，应当按照《药品生产监督管理办法》有关要求进行审查，符合规定的，发给新的药品生产许可证。变更、补发的原有效期不变，重新发证的有效期自发证之日起计算。

《药品生产监督管理办法》规定了许可证的式样、编码规则和范围，明确在许可证具有实际生产能力的情况下进行标注。明确了许可证的变更许可事项和登记事项变更。

2020年7月1日前，已依法取得药品生产许可证，且其车间或者生产线未进行GMP符合性检查的，应当按照《药品生产监督管理办法》规定进行GMP符合性检查。

持有人试点期间至新修订《药品注册管理办法》实施前，

以委托生产形式获得批准上市的，其持有人应在2020年7月1日前向所在地省级药品监管部门申请办理药品生产许可证。

自2020年7月1日起，从事制剂、原料药、中药饮片生产活动的申请人，新申请药品生产许可，应当按照《药品生产监督管理办法》有关规定办理。

增值服务区

（扫码免费阅览）

中国健康传媒集团系列宣贯直播回放

一图读懂《药品生产监督管理办法》亮点

《药品生产监督管理办法》热点问题专家答疑